SPORTS PERSPECTIVE SERIES 5

スポーツマンシップ論

相原正道／植田真司／髙橋正紀 [著]
黒澤寛己／大西祐司

晃洋書房

は じ め に

読み進めればわかるシリーズの発行理由

高等教育機関における研究教育開発を促進させるため，スポーツ科学における知の創造および学生の理解度向上させるため，読みスゝめればわかる教科書——SPORTS PERSPECTIVE SERIES——を創刊した.

ある経済学者とAO入試の面接官をしていた時に「数学の教科書ってすごいんやでぇ. 読み進めればわかるねん」と言われ，なるほどと感嘆したことに端を発している.

なるほど，数学の数式のように整理され，理論的に順序だてて文章が構成されていれば非常に効率的だ. 読み進めればわかる教科書をということで，SPORTS PERSPECTIVE SERIESの編集方針を「読みスゝめればわかる教科書」とした. 読み進めれば理解できるようになる文章は大切だ. そのような文章を書ける人はごく一部の人に限られるからだ. 頭が整理されていて，なおかつ現代語に精通している人である.

理論派と称される方にありがちなのは，大学生への教育視点が抜けている点である. 難解な日本語を多用しすぎるきらいがある. そういう教育者に限って，昔の大学生は学力が高かったと嘆くばかりである. 例示が古過ぎて学生が知らないことが多いのはお構いなしである. もう1つ付け加えるならば，学生が知らないという反応を講義中に感じられない人である. 当世風に言えば，空気読めない人である. 大学生はいつだって現代の若者という新鮮な"今"という風を教室に吹き込んでくれる. この空気感こそが研究・教育者にとってこの上なく（イノベーション・創造性などにおいて）貴重なものだと考える. 難解な理論を現代の大学生にわかるレベルまで整理して説明できるのも教育者としての力量が問われてくる部分だと思うのだが. こうした方々には，初心に立ち戻り教育研究をした方がよろしいとアドバイスしたいものである.

ただ，学生にも度を過ぎた学生がいるのも事実であることもしかと明記しておきたい（笑）．

この本の構成

　本書において，第1章では，私（大阪経済大学の相原正道）が，スポーツマンシップとスポーツとしてスポーツマンシップに則るとはどういうことか？　スポーツをしない人でもスポーツマンになれるとは？　ゴミ拾いをスポーツにできるとはどういうことか？　という問いについて解説している．スポーツの近代化の歴史を，英国におけるスポーツの起源からフランスで発展し，さらに米国で大衆化していくスポーツの進展を記述している．

　次に，大阪成蹊大学の植田真司先生が，第2章でスポーツマンシップとは何かを説明している．スポーツマンシップの意味，グッドウィナーとグッドルーザーの意味，ルールを守る意味，思いやりや尊重について説明している．第3章では，文武両道について，一流のアスリートに学ぶ．また，世界で一番勉強をしない日本の大学生について述べている．第4章では，人生を幸せにするスポーツマンシップとして，成功と成幸の違いから，アスリートのライフスキルプログラムや人間の可能性について解説している．スポーツマンの習慣について，習慣の力から2匹の狼の話，成功を手に入れる7つの習慣を詳細に述べている．選択の力から，運のよい人の共通点，自然を愛する人の心を述べて，最後にスポーツマンシップについてまとめている．

　次に，岐阜協立大学の髙橋正紀先生が，第5章では，スポーツをどのように捉えるのか？　近代スポーツマンシップを考えるについて述べた後，第6章で日本版スポーツマンシップをスポーツにおけるゲームの理解から記述し，第7章で「スポーツマンのこころ」として，スポーツマンの持つべき心構えを3つの視点から解説している．第8章で「スポーツマンのこころ」の達成のための付帯条件について，第9章では，「スポーツマンのこころ」の可能性について，調査結果を元に分析している．

びわこ成蹊スポーツ大学の黒澤寛己先生が，第10章で体育科教育の概要について，体育科教育とスポーツマンシップ教育と保健体育科教員の役割，体育科の授業づくりについて解説している．第11章では日本の体育科教育政策について，体育科教育の歴史，体育科教育における武道，体育科教育の制度，学習指導要領，学習指導要領保健体育科の目標，および，指導計画の立て方から詳細に説明している．第12章では，体育理論の教材・授業づくりとして，体育理論の概要を述べてから記述している．

びわこ成蹊スポーツ大学の大西祐司先生が，第13章で指導案の実際として，指導案の作成の目的，作成手順，書き方について順序だてて解説している．第14章では，体つくり運動の指導計画として，体つくり運動の理論的背景を述べてから，体つくり運動の教材，指導法，授業づくりについて説明している．新聞紙を使った体ほぐしの運動教材や教師の働きかけなど実践に役立つ記述が多くなっている．

日本のスポーツ界において，前近代的で精神主義的ともいえる体罰がなくならない．

では，なぜ体罰がなくならないのか．体罰をするのはほとんどが指導者であり，40〜50歳代という年代を考えると，自分たちも体罰を受けてきた世代であることがわかる．その世代は学生時代に学校で殴られるのは当たり前と容認されてきた慣習を知る時代だ．今は評論家として「体罰はいけません」と叫ぶ人たちも，時代的には体罰が普通にあった世代の人たちだ．「スポーツマンシップ」の意味を知る人はどのくらいいるのだろうか？　私もご多聞に漏れず，大学院に行くまで明確に意味を理解していなかった．

そのような背景の中，文部科学省は，2019年度予算案において，部活動指導員を活用する自治体を支援するために，10億円を計上している．中学校の部活動を指導する外部の指導員を9000人に増やす経費を盛り込んだ．現在の2倍の人数で，配置校も約1500校から約3000校にする．教員の働き方改革を進めると

はじめに　　iii

ともに，専門的な技能がある外部人材の活用で部活動の充実も目指す．自治体には，スポーツ庁が2018年3月に策定した運動部活動の指針にある「週2日以上の休養日を設ける」といった基準を守るなど，一定の要件を課すそうだ．教員の長時間労働を改善するために，大変結構な政策である．

再度問おう！「スポーツマンシップ」の意味を知る人はどのくらいいるのだろうか？

教員をはじめとする指導者，関係者こそ，スポーツマンシップをよく理解してから，スポーツ行政に携わるべきであると切に思う．

それがこの国のスポーツの礎になる．日本体育協会が日本スポーツ協会へ名称変更したのだから．

2019年6月

1人でも多くの人がスポーツマンシップを持つ人になることを期待して

相 原 正 道

◉ スポーツマンシップ論──目次

はじめに

1 スポーツマンシップとスポーツ ……………………………1

スポーツマンシップに則る人になろう／スポーツをしない人でもスポーツマン／ゴミ拾いだってスポーツになる／英国で始まったスポーツの歴史／スポーツの近代化／フランスで発展し，米国で大衆化したスポーツ

人生を幸せにする*I*スポーツマンシップ

2 スポーツマンシップとは ……………………………11

▶ *1.* スポーツマンシップとは　（11）

スポーツマンシップの意味／グッドウィナー（good winner）とグッドルーザー（good loser）／ルールを守る意味／思いやり，尊重

2. スポーツマンシップと人間力　（17）

自分を知る（ライフライン）／仲間を知る　信頼関係・共感／コミュニケーション力（ジョハリの窓）

3 文武両道について ……………………………25

▶ *1.* 一流アスリートに学ぶ文武両道　（25）

2. 世界で一番勉強しない日本の大学生　（28）

v

4 人生を幸せにするスポーツマンシップ 33

▼ *1.* 成功と成幸の違い　　(33)

アスリートのライフスキルプログラム／人間の可能性について

2. スポーツマンの習慣　　(40)

習慣の力／２匹の狼の話／成功を手に入れる７つの習慣／選択の力／運
のよい人の共通点／自然を愛する心／最後に，スポーツマンシップとは

II
日本におけるスポーツマンシップの脱構築

5 日本版スポーツマンシップへの入り口 57

▼ *1.* スポーツをどのように捉えるのか？　　(57)

2. 近代スポーツマンシップを考える　　(59)

6 近代スポーツマンシップから「スポーツマンのこころ」へ 61

▼ *1.* スポーツにおける「ゲーム」の本質の理解　　(61)

2. スポーツにおける「ルール」の本質の理解　　(63)

7 「スポーツマンのこころ」 ……………………67
── 3つの心構えの理解 ──

1. スポーツマンの持つべき心構え　その1　　(67)
── 「自分のため」を尊重するこころの捉え方 ──

「自分」の捉え方から考える／「自分のため」を尊重するこころの捉え方

2. スポーツマンの持つべき心構え　その2　　(69)
── 「仲間のため」を尊重するこころの捉え方 ──

「仲間のため」をどう捉えるか？／「仲間のため」を尊重するこころの捉え方

3. スポーツマンの持つべき心構え　その3　　(73)
── 「ゲームのため」を尊重するこころの捉え方 ──

8 「スポーツマンのこころ」の達成のための付帯条件 …79

9 「スポーツマンのこころ」の可能性について …………85

1. 「スポーツマンのこころ」の理解+スポーツ実践の効果の医学的研究　　(85)

調査対象と方法／調査結果／考　察

III

体育科教育とスポーツマンシップ

10 体育科教育の概要 ·············· 101

▼ *1.* 体育科教育とスポーツマンシップ教育　　(101)

2. 保健体育科教員の役割　　(102)

教科指導と特別活動指導／部活動指導／保健体育科教員の年間予定／体育科教育学とは何か

3. 体育科の授業づくり　　(108)

体育授業の要素／よい体育授業の条件

11 日本の体育科教育政策 ·············· 111

▼ *1.* 体育科教育の歴史　　(111)

2. 体育科教育における「武道」　　(112)

武道教育の歴史（戦後）／各領域の指導内容と武道

3. 体育科教育の制度（関連法規について）　　(114)

教育に関する法規／スポーツに関する法規

4. 学習指導要領　　(116)

学習指導要領の概要／学習指導要領の改訂

5. 学習指導要領保健体育科の目標　　(118)

6. 指導計画の立て方　　(119)

12 体育理論の教材・授業づくり ·················· 123

▼ *1.* 「体育理論」の概要　(123)

　2. 「体育理論」の教材づくり　(126)

　3. 「体育理論」の授業づくり　(128)

13 指導案の実際 ·················· 131

▼ は じ め に　(131)

　1. 指導案作成の目的　(131)
　指導案とは何か／指導案は何のために書くのか

　2. 指導案の作成手順　(133)
　授業のイメージを膨らませよう／指導案の構成要素を知ろう

　3. 指導案の書き方　(138)
　本時の授業計画を立てよう／参考資料を活用しよう

　お わ り に　(140)

14 体つくり運動の指導計画 ·················· 143

▼ は じ め に　(143)

　1. 体つくり運動の理論的背景　(143)
　子どもの体力・運動能力の現状／体つくり運動の概要／体つくり運動の
　変遷／体つくり運動の役割

目　次　ix

2. 体つくり運動の教材　(149)
　　──新聞紙を使った体ほぐしの運動の教材──

3. 体つくり運動の指導法　(151)
課題の条件や学習の進め方／教師の働きかけ

4. 体つくり運動の授業づくり　(152)

お わ り に　(155)

おわりに　(157)

1

sportsmanship
スポーツマンシップとスポーツ

スポーツマンシップに則る人になろう

　そもそもスポーツとは何であるか．スポーツ競技を規定するものはたった3つしかない．「相手」「ルール」「審判」の3つだけである．この3つを兼ね備えていれば，スポーツである．テニス，ラグビー，フェンシングなども，この3つを兼ね備えているのでスポーツという．そして，この3つを守ることをスポーツマンシップという．高校野球や運動会などの大会の際に選手宣誓で「我々はスポーツマンシップに則り……」と言うが，この3つを守るということを「則る」と言っているのである．選手宣誓で「スポーツマンシップに則る」と宣誓したからには，相手，ルール，審判の3つには絶対に従うということになり，もし審判が誤審をしたとしても，それは審判の判断であるから尊重しなければならない．そこで暴言を吐いたりすれば，イエローカードやレッドカードが提示されて退場することになる．審判とはスポーツ競技において絶対的な権限をもつ存在なのである．

　近年はＪリーグやプロ野球では審判を育成しているので，職業として捉えることが一般的なのかもしれない．古い英国の史料によると，街なかのサッカーチームが草サッカーをするときに，判定をめぐって喧嘩になることが多々あった．そこで両チームのキャプテンやチームメンバー全員が集まって相談し，近くで観戦していた農夫などに審判を依頼したのが，現在の審判の始まりである．両チームが認めて依頼している人なのだから，審判は絶対である．審判へのリ

スペクトはなくてはならないことで，尊重されるべき存在なのである．そして，この3つを守るのがスポーツである．

なお，スポーツマンと語尾に「マン」と付いているのは，これはまだ女性がスポーツをしていない時代からある言葉だからである．

スポーツをしない人でもスポーツマン

「スポーツマンシップ」とはスポーツをする人にだけ当てはまるものではなく，「相手」「ルール」「審判」の3つを守りさえすれば，スポーツをしない場合にでも適用できる．例えば，筆者の大学での講義では，スポーツマンシップに則り，そして学生もスポーツマンシップを守るように指導している．つまり，教室では私語を慎み，スマートフォンの使用禁止というルールを提示している．筆者は，審判として，ひどい違反者に対しては教室の外へ出て行くように命じる．講義に出たからにはスポーツマンシップを守るべきでルールや審判を尊重できなければ，即刻教室から出て行くことになる．当然，筆者も相手（学生）を尊重する．米国ではすでにスポーツマンシップの定義を合理的に言語化して教育しているが，日本ではそれができていないので，大学の講義でははじめにそのことを言明しておくようにしている．

明治時代に富国強兵のため，兵士育成として体育が導入された．あくまで体育なのであって，スポーツではないのだ．したがって，スポーツマンシップと記載はされていない．今でも教育指導要領にも明記されておらず，教育されていない．米国をはじめ国際社会ではスポーツマンシップの概念は認められていて，反論する者はない．

ゴミ拾いだってスポーツになる

筆者は「日本スポーツGOMI拾い連盟」の理事でもある．相手，ルール，審判がいればスポーツになるのだから，いくらでも新しいスポーツは作り出せるのである．チェスや将棋も審判がいればスポーツとして成り立つのと同様に，

ゴミ拾いもスポーツになる．はじまりはゴミ拾いを楽しくする方法を考えて，そこで思いついたのがゴミ拾いをスポーツにするということだった．これは社会貢献をしながら活動するスポーツソーシャルエコロジーであり，全国の自治体や，JOC，ナショナルトレーニングセンターとも組んで実施している．日本スポーツGOMI拾い連盟はこのような活動が評価され，2013年3月に，公益社団法人スポーツ健康産業団体連合会・一般社団法人日本スポーツツーリズム推進機構より，経済産業省商務情報政策局長賞（スポーツとまちづくり賞）を受賞している．

相手，ルール審判を尊重するのは前述の通りであるが，日本スポーツGOMI拾い連盟のルールとしては，5人1組で構成し，危ないので走ってはいけない，ゴミによって点数を決めるなどがある．またこれはCO_2削減に繋がるので，独立行政法人国立環境研究所がゴミの量を図ってグラフ化している．

この活動は世界にも広がっており，ベトナムやマレーシアで，自然発生的に行われていて，その模様はネットでも投稿されている．日本スポーツGOMI拾い連盟のゴールは，このスポーツ自体がこの世の中から消滅することである．ゴミを減らしていく流れにある日本だけでなく，世界でゴミを減らすことの意味に気づいてくれることが広がるよう切に願っている．

「ゴミ拾いはスポーツだ！」

英国で始まったスポーツの歴史

スポーツは本来「遊び」「プレー」「余暇」「レジャー」である．そこから発していることなので，そこから離れるべきではない．真剣に遊べるものであるが，それを忘れてしまうと「スポーツは楽しい」とか「格好いい」とか，感動すらもなくなってしまい，つらい苦痛を強いるものとなる．

「スポーツ」とは元々ラテン語のdesportareが起源で，フランス語のdesport「気晴らしをする，遊ぶ」となり，現在のsportに至ったと言われる．余暇，レジャーといっても昔はスポーツではなく，貴族の気晴らしであった．

第 1 章 スポーツマンシップとスポーツ 3

その気晴らしの1つが狩猟である．獣を撃つ狩猟が後に，カウボーイのように縄を投げたりすることになり，徐々に運動全体を示すようになり，18世紀に英国で貴族層による特権階級のレクリエーションとなっていく．馬に乗って狩猟することは日本同様，ジェントルマンの嗜みだった．

18世紀の中・後期からはクリケット，ゴルフ，乗馬がクラブとして流行った．クラブで活動した後はお酒を飲みに行くことも習慣となり，名前を付けて集うことになった．19世紀初期，狩猟を中心とした野外活動が現在のようなスポーツに発展していったと言える．

しかし一方で，スポーツは兵士の育成手段だった歴史がある．19世紀後半に英国のパブリックスクールには貴族の師弟が寄宿舎生活をしていた．植民地時代，師弟たちは赴任する植民地で司令官となる存在である．このため，余暇には運動をして鍛えられていた．もっとも古いスポーツの歴史をもつ英国は，戦うためにスポーツを利用したのだ．植民地時代の戦争では，劣悪な環境と過酷な気象条件も含めて植民地で戦える司令官をつくらなければならず，決断力，精神力，勇気，忠誠心が必要になる．本国の支持をあおぐことなく決定する決断力，不屈な精神力と勇気，英国に対する忠誠心と約束を忠実に守る誠意を兼ね備える人材の育成が急務だった．英国から遠く離れた植民地において，英国の援軍が来るまで持ち堪え戦わなくてはいけない．将校としての素養を教えるのがこの時代のパブリックスクールの教育だった．

明治時代の日本は英国のように将校という指揮官教育ではなく，兵士教育という兵士養成を「体育」として導入した．

スポーツの近代化

労働者には全く関係なかった貴族の遊びが，週末に労働者たちも簡単に楽しめるものとなったのが「サッカー」である．家畜の内臓をボールにしたというぐらい簡単にできたのがサッカーで，労働者が余暇時間にできるものとして広まった．日本でいうとバレーボールが普及したのと似ている．サッカーの起源

となるものは，町から町へ，1つのボールを1000人ぐらいが押して，どっちか
にたどり着いたらゴールという競技だったという．戦術的にいうと，山や川や
橋などの地形などを考えて作戦を練る必要があった．現代のサッカーにはゴー
ルが2つあり，試合時間を決めて実施するものだが，別の言い方をすれば，空
間を制約し時間をコントロールするようになったのが，近代スポーツといえる．

　サッカーが「大衆スポーツ」だと言われるのはこの辺りに由来する．また，
英国におけるサッカーはあらゆる階級の子どもたちが貧困から脱出するための
チャンスとなった．

　クリケットや乗馬は，いまだに貴族的な要素が強く，ラグビーは依然として
ジェントリストがするスポーツだ．

　こうした背景から，普及し大衆化して愛好者が多いものには，労働者から起
こったスポーツが多い．

　英国発祥のスポーツは，戦時中は暴力的で，相手に致命傷を負わせるための
ゲームだったが，7つの海を支配し，戦争がなくなり，植民地の時代ではなく
なり，サッカーが普及してきたことで，スポーツはアスレチック化し，教育機
能が増していく．そして，近代化することにより，暴力推奨から，暴力を絶対
的に排除する方向へ進んでいく．英国を舞台にしたからこそ，暴力的だったも
のが，非暴力に向いていったのだ．

　というのも，文明により無血革命を成し遂げた英国は暴力的なフランス革命
と異なるものとして，近代スポーツの概念を持ち込んだ．文明とは非暴力の管
理であり，スポーツは絶対的に暴力を規制している．ルールの構成は目的，効
率，抑制，規制，管理，空間，時間．これが今のスポーツマンシップに繋がり，
スポーツを構成し，現代のスポーツに発展していった．

　以前のスポーツとの違いはまさにここにある．試合中，ルール上は何をして
もいい．暴力を使うのとは全く違いそれがルールに則った行為であれば賞賛に
値する．それがスポーツの面白味である．

第　1　章　スポーツマンシップとスポーツ　　5

フランスで発展し，米国で大衆化したスポーツ

英国は7つの海を支配した時に多くの文物を略奪して博物館に貯蔵したが，フランスは逆にすべてをフランスに集めることを考えた．フランスは，文化発信を装置化させるのが上手い．万国博覧会しかり，オリンピックもまさにそうである．

近代オリンピックの創始者であるクーベルタンはフランス人で，スポーツの超人を1カ所に集めて競わせ誰が最も能力が高いかを競わせることにした．金メダルを授与したことで，世界中のスポーツマンが世界一になりたいと思うようになり，現代オリンピックへと繋がるのである．

米国のスポーツは全て大衆スポーツと言える．米国はスポーツの歴史でいえば後発で，開拓者のフロンティア精神があるため，求める余暇が異なったと考えられる．そこで生まれたスポーツが，アメリカンフットボール，バスケットボール，バレーボールである．ヨーロッパのスポーツの良いところだけを取りあげ，初期の英国スポーツ特有の暴力的な要素はなく，時間の制約など近代スポーツの条件を全て満たしている．

大衆スポーツの覇者はNFL（ナショナル・フットボール・リーグ）で，米国はもとより世界一総収入が高いスポーツリーグでその総額は約9600億円である．英国サッカー・プレミアリーグでさえ約4025億円．アメリカンフットボールの競技人口は約1000万人，サッカーの競技人口は約2億5000万人，バスケットボールの競技人口は約4億5000万人と言われる．世界の競技人口では圧倒的に少ないのに，総収入ではNFLに勝てないのである．

付記

本章は，大阪経済大学共同研究費（2018～2019年度）の助成を受けたものです．

参考文献

広瀬一郎［2005］『スポーツマンシップを考える』小学館．

広瀬一郎［2007］『スポーツマーケティングを学ぶ』創文企画．

ウェブ資料

日本スポーツGOMI拾い連盟HP（http://www. spogomi. or. jp, 2019年5月1日閲覧）

sportsmanship

I

人生を幸せにするスポーツマンシップ

sportsmanship

世の中では，あちらこちらで競争が行われている．しかし，ルールを守らない競争は害でしかない．これは，スポーツの世界だけでなく，日常生活でも同じである．ここでは，なぜスポーツマンシップが必要なのかを，人としての考え方や取るべき行動，いわゆる道徳や人間力を通じて，学ぶことを目的とする．また，アスリートだけでなく，すべての人に学んでもらえる内容としている．

　なぜ「スポーツマンシップ」を学ぶ必要があるのか．それは，競争社会では，利益至上主義や勝利至上主義となり，相手を思いやることよりも，利益や勝つことに重点を置いている人が多くなるからである．昨今のスポーツにおける体罰問題やパワハラ問題は，まさにスポーツマンシップおよび道徳を忘れた勝利至上主義から生まれているといっても過言ではないだろう．はたして，このような状況で我々は，幸せになり，人生の成功者になれるのだろうか．どうすれば，このような問題を解決することができるのだろうか．

　この部では，スポーツを通じてどの様なことを学べば良いのかに焦点を当て，人としてのあるべき姿を提案する．提案するとしたのは，ここに書かれている内容を押し付けるつもりがないからである．道徳やモラルは，強制されるものではなく，われわれが平和に生きていくために，自らが必要であると気づくものだと考えている．ここで学んだことは，スポーツにかぎらず，仕事や人生においても活かして欲しい．

　また，スポーツマンシップは，選手だけでなく，審判にも必要であり，コーチや監督にも，さらにはサポーターやファンなどの観戦者にも，スポーツ関係者すべてに必要である．特に，コーチや監督が身に付け，行動すれば，体罰やパワハラは起きないだろう．

　スポーツだけでなく，学校での教師と生徒，会社での上司と部下，ビジネスでの買い手と売り手，家庭での親と子．さまざまな関係において，同じ人間として尊重することで，パワハラや虐待，いじめも少なくなるだろう．

　すべての人が，このスポーツマンシップを身に着けることで，大切なものは何かに気づき，世の中が変わることを信じている．そして，お互いが共感し，助け合うことで安心して過ごせる平和な社会になることを願っている

2

sportsmanship
スポーツマンシップとは

1. スポーツマンシップとは

スポーツマンシップの意味

スポーツマンシップとは，一般的に「ルールを守ること」「正々堂々と戦うこと」「諦めないで，全力を尽くすこと」「勝負にこだわらないこと」と解釈されている．小学館・新選国語辞典には「正々堂々とたたかう，運動競技者の精神」，デジタル大辞泉には「正々堂々と全力を尽くして競技をするスポーツマンとしての態度と精神」，三省堂・新明解国語辞典には「フェアプレーをし，勝負にこだわらない明るい健康な態度・精神」と書かれているが，それは結果であり，もっと深い意味があると考えている．

スポーツマンシップとは，たとえ意見や考えが異なろうとも，相手とは対等であり，常に尊重するこころで接することではないだろうか．だからこそ，相手に敬意を示し，ルールを守り，正々堂々と戦い，勝ってもおごらない，負けても恨まない態度をとることができるのではないだろうか．

我々は，意見の違う人を排除しようと考えるが，今の時代は，違う考えの人と共に，新しい考え方を生み出さなければならない時代である．

ここでは，スポーツマンシップの定義を，狭義では，スポーツのルールを遵守して競技を行っていく姿勢とし，広義では，スポーツを行う上で相手に対する思いやりと尊重のこころとしておく．

グッドウィナー（good winner）とグッドルーザー（good loser）

スポーツマンシップの態度として，よく使われる言葉が，グッドウィナーとグッドルーザーである．人は，勝った時や負けた時の態度に，その人柄が現れるという．グッドウィナーは良き勝者で，勝ってもおごらず，敗者を讃える人，グッドルーザーは良き敗者で，負けても腐らず，勝者を讃える人である．いずれも，順位や勝敗に係わりなく，相手を尊重するから生まれる態度であり，自分と同じように相手を思いやる態度である．もう少し詳しく，両者の態度を見ていこう．

グッドウィナーは，ガッツポーズをしない．今でも，剣道では勝利の後に，ガッツポーズは，禁止されている．相撲でも，プロは禁止されている．これは，相手を思いやるこころから，自分の感情を外に出さないためと考えられる．

デニス・ウェイトリー［2012］は，「真の勝者は，敗者をつくらない」と言うが，今の勝利至上主義，利益至上主義の社会では，他人と分かち合うことよりも他人を出し抜いて成功（勝利）することが重視されているように見える．これでは，成功（勝利）してもグッドウィナーとは言えない．

勝つために一生懸命に練習しプレーしているので負けると誰でも悔しいし，涙を見せることもある．しかし，グッドルーザーは，悔し涙を見せない．潔く負けを認め，笑顔で勝った相手に心から拍手を送り，讃えることができる．そして，負けを他人のせいにしないで，冷静に負けた原因を分析し，足りないところを克服し，次の勝利のために練習するのである．

ルールを守る意味

なぜ規則やルールが必要なのかを考えてみたい．我々は，一般的に，規則やルールに縛られるのが嫌いであり，規則やルールのない自由を求める．しかし，本当に規則やルールはいらないものなのだろうか．規則やルールのない自由の世界は，我々を幸せにするのだろうか．

次の質問について，グループでディスカッションしてみよう．

① もし，規則やルールのない世界で，スポーツをしたらどのようになるだろうか？

② もし，規則やルールのない世界で，生活したらどのようなことが起こるだろうか？

① の場合．規則やルールが無いので，スポーツでなくなる．暴力を振るい，ケンカになり，つまらないものになるだろう．② の場合も，生活においても力のある強いものが好きなことをし，力のない弱いものは，だれも守ってくれないために，恐怖のなかで生活をすることになるだろう．そう考えると，規則やルールは，我々が幸せに暮らすために必要なものになる．

我々が望んでいる自由とは，規則やルールによって守られた中で，好きなことをしたいという，単なるわがままな発想から生まれていると言えるだろう．

例えば，昔よく遊んだ三角ベースボール．幼い頃，野球をするときに，四角のダイヤモンドでは人数が足らないので，三角にして，年齢の異なる年下の仲間をチームに入れた．年下なので特別にハンディを付け，みんなが楽しめるように新しいルールを作った．例えば，年下の仲間は，3振でなく4振でアウトにするなどである．ルールや規則は，能力の異なる仲間とでも，公平にプレーできるように作られたものである．

以上のことから，規則やルールは，誰かを排除するためや，制限をかけるためでなく，スポーツでは公平に遊び，日常生活では安心して暮らすためにあることが分かる．

次の質問について，グループでディスカッションしてみよう．

例）サッカーの試合で，次の行為をどのように考えるだろうか？

① リードしているので，わざと時間を稼ぐ．

② 相手のユニフォームを引っ張る．

第 2 章 スポーツマンシップとは　13

③ ゴール前でわざと転んでペナルティキックを得る.

④ ゴールに入りそうなボールを,（キーパーでないのに）手で止める.

⑤ わざとラフ・プレーで（ファウルを犯して）相手選手を倒す.

⑥ 故意に相手の反則を誘う.

思いやり，尊重

　ルールとマナーの違いを考えてみたい. ルールは, 人が従うべき規則であり, 文章によって規定されたもの. マナーは, 人間が気持ちよく生活していくための心遣いであり, 国, 文化, 民族, 時代, 宗教などの習慣によって違うものと定義できる.

　スポーツマンシップを持ってスポーツをするとは, 単にルールに従うことではなく, お互い相手を思いやり, 尊重するからルールを守り, 正々堂々とプレーすることであり, マナーを守り, 気持ちよくプレーすることと言える.

　また, スポーツマンシップは, スポーツを行う選手に限らず, 審判, 選手を指導するコーチや監督, またスポーツを応援する観客やサポーター, ファンにも求められる.

　選手, コーチ・監督, 観客は, 公正なプレーを尊重し, 相手の選手に対し, 同じスポーツをする仲間として敬意を払い, 良いプレーには賞賛する. スポーツでは, 選手同士が試合の前後に握手や挨拶が交わされるが, これも「思いやり」や「尊重」が重視されるスポーツマンシップとしての風習と言える.

　次の行為について, フェアか, アンフェアか？　それはなぜか？
　グループで, ディスカッションしてみよう.
　事例1. 柔道で, 相手の怪我している個所を攻める.
　事例2. テニスで, 相手の取りにくいところにボールを打ち返す.
　事例3. 相撲で, わざと負ける.

14　第Ⅰ部　人生を幸せにするスポーツマンシップ

考え方の例

事例1，柔道で，相手の怪我している個所を攻める．

1984年のロサンゼルス・オリンピック．柔道の無差別級決勝で，山下泰裕選手が右足を負傷しながらも，エジプトのラシュワンに勝ち，金メダリストの栄誉に輝いた．翌朝，新聞には，「フェアだった敗者ラシュワン」「負傷の右足攻めず」「称賛のコールやまず」「右足狙わず堂々と」とラシュワン選手を称賛する見出しが掲載された．

『産経新聞』は，ラシュワンは「ヤマシタが右足をけがしたのが分かっていたので彼の左側へ技を仕掛けた」と振り返った．「なぜ，痛めた足の方を攻めなかったのか？」の質問にも「それは私の信念に反する．そんなにまで勝ちたくなかった」とさわやかに胸を張ったと取りあげた．

『読売新聞』は，「ヤマシタが右足を痛めていることは分かっていた．だからこそボクは（山下の）右足を攻撃しなかった．それにヤマシタが強かったから，自分は負けたのだ」とラシュワンは淡々と語ったと取りあげた．

その後，1985年6月3日の『朝日新聞』の記事によると，山下選手に敗れ，銀メダリストとなったエジプトのモハメド・ラシュワン選手は，ユネスコの国際フェアプレー委員会から，フェアプレー賞を贈られた．もし山下と同じ状態でもう一度対戦する機会があったら，どう戦うかの質問に，ラシュワン選手は，「また同じように戦う．あのとき，つまらない駆け引き（負傷個所攻撃）は必要ないと思った．その結果，負けたが，私の心には今も満足感が残っている．」と答えている．

事例2，テニスで，相手の取りにくいところにボールを打ち返す．

スポーツでは，お互いが真剣に勝負をすることになる．このゲームのためにお互いが練習をして，この舞台に上がってきたのである．よって，あえて相手の弱点を攻めても良いのではないだろうか．むしろ，そのことが相手を成長させることに繋がるのではないだろうか．スポーツマンシップに則るからこそ，

相手の取りにくいところにボールを打ち返すのだと考えられないだろうか？

事例3，相撲で，わざと負ける．

　スポーツマンシップとは，正々堂々と戦うこと．一般的には，わざと負けるのはスポーツマンシップに反する．しかし，これが大人と子どもの相撲ならどうだろうか．

　子ども相手に，勝つために全力で立ち向かうのがスポーツマンシップだろうか？　この場合は，子どもの気持ちを尊重し，手を抜いてあげることがスポーツマンシップではないだろうか？

　みなさんは，3つの事例をどのように考えただろうか？

　ここで，スポーツのモラルと日常生活におけるモラルについて考えてみたい．

　勝つために全力を尽くすのがスポーツのモラルであるが，日常生活におけるモラルはどうだろうか？

　スポーツでは，ルールの範囲内で相手の弱点を攻める．相手の嫌がることをする．相手もそれを承知でお互いが力を試し合うのが試合である．競技の場に立つということは，今までの努力をそこで試すことであり，万全の準備で臨むことであり，覚悟して立たなければならない．あえて，相手の弱点を責めることが，スポーツマンシップと考えられる．

　しかし，日常生活における人間としてのモラルは，「人の嫌がることはしない」「自分がされたくないことは人にしない」ではないだろうか．なぜなら，スポーツは，競技が終了すればリセットされるが，日常生活では，リセットされないからである．

　よって，スポーツの場合と，日常生活の場合では，モラルの考え方が異なるのではないだろうか．

2. スポーツマンシップと人間力

　スポーツマンシップを学ぶと同時に大切なことがある．それは，チームのメンバーとお互いが理解し合うことである．そのためには，まず「自分を知る」こと，自分をマネジメントすることである．そして，「仲間を知る」こと，仲間を思いやり，共感し，信頼関係を築き，仲良くやっていくことである．そのためには，「コミュニケーション力」も必要になる．ちなみに，コミュニケーションにおいて大切なことは，多くを語ることではなく，相手を理解し，相手の新たな一面に気づくことであり，話を聞くことが重要である．

自分を知る（ライフライン）

　自分を知るとは，自分の好き嫌いや，得意や不得意を知ること，過去の自分を思い出すことである．今まで自分がどのような人生を過ごしてきたのか，過去を思い出すことで，新たな気づきや発見が生まれる．

　そこで，自分の過去と未来を一本の曲線で示す「ライフライン」を紹介する．ライフラインとは，横軸に年齢を示し，縦軸に自分の満足度を示すグラフである．幼い頃に自分はどのような人生を歩んでいたのか，その時にどんなことが起きたのか，時代ごとの自分の人生の満足度を線で表す．うれしいことがあれば山になり，悲しいこと辛いことがあれば谷になる．自分がどういう気持ちだったのか思い出しながらグラフを作成していく．

　課題1，自分のライフラインを作成してください．

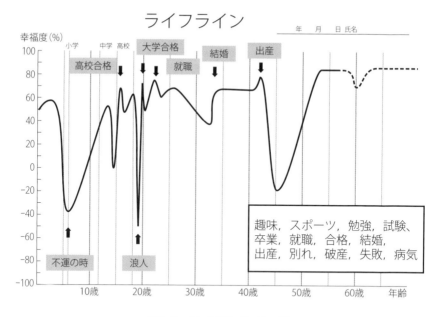

図2-1 ライフラインの一例

（出所）筆者作成．

課題2．ライフラインが出来たら，グループ内で自己を紹介しよう．

仲間を知る　信頼関係・共感

「今日の服装の色の取合わせ，良くないね！」と友達に言われた時，あなたは，どのように感じるだろうか？

「え，ほんと！　どうしたらいい？」（感謝の気持ち）の時もあれば，

「なんであなたに言われる必要あるの？」（怒りの気持ち）の時もある．

この違いは，どこから来るのだろうか？

人に注意されても，素直に聞ける時もあれば，聞けない時もある．何が違うのか？　それは，お互いに信頼関係が有るか，無いかではないだろうか．では，どのようにすれば信頼関係を築くことができるのか考えてみる．

質問1. どうすれば信頼関係を築くことができるだろうか?
グループでディスカッションしてみよう.

回答例

お互いをもっと知ること.

「人は機械ではない, 心の動物である. 理性より感情に左右されやすい」と言った人がいる. いくら理性的だと思っても, 我々は感情に影響を受けているのである.

このことを知った上で, コミュニケーションの3つの阻害要因に注意することである.

① 先入観を持たない. ② 決めつけない. ③ 見た目で判断しない.

質問2. 下記のような状況のとき, あなたはどのように感じますか, または考えますか?
事例について, グループでディスカッションしてみよう.
事例1. 渋滞で割り込んで来る車.
事例2. いつも私に残業が回ってくる.

事例1. 渋滞で割り込んで来る車.

渋滞での割り込み, みんなが順番に並んでいるのに, 腹が立つものである. しかし, 家族が危篤で病院に急いでいるのならどうだろう? 譲ってあげたいと思わないだろうか?

事例2. いつも私に残業が回ってくる.

同僚は, いつも定時に帰宅するのに, 決まって私のところに残業が来る. 上司の私への評価が良いわけでもない. なぜ, 私にだけ残業が? 不愉快である. しかし, 同僚の妻が病気で, 子どもの幼稚園の送り迎えをしなければいけない事が分かればどうだろう. 残業を引き受けてあげようと思わないだろうか?

第 2 章 スポーツマンシップとは　19

我々は，現象だけを見て，それぞれ過去の経験からの思い込みで判断している．しかし，事実は確認しなければ分からない．自分の勝手な思い込みや色眼鏡で判断せず，人それぞれに，さまざまな状況や事情があることに気づくことである．

コミュニケーション力（ジョハリの窓）

　信頼関係を築くにはどうすればよいのか？　1つの答えが，お互いのことを良く知ることである．そのためには，職場や学校などの公式な場だけでなく，遊びや趣味などの非公式な場の会話が大切になる．お互いの家族のことなど知るほうがお互いの理解が深まるとされている．

　サンフランシスコ州立大学の心理学者ジョセフ・ルフト（Joseph Luft）とハリ・インガム（Harry Ingham）は，自己には「自分も他人も知っている，公開されている自己」（open self＝明るい窓），「自分は知っているが他人は知らない，隠されている自己」（hidden self＝隠された窓），「自分は知らないが他人は知っている自己」（blind self＝盲目の窓），「誰にも知られていない自己」（unknown self＝暗い窓）

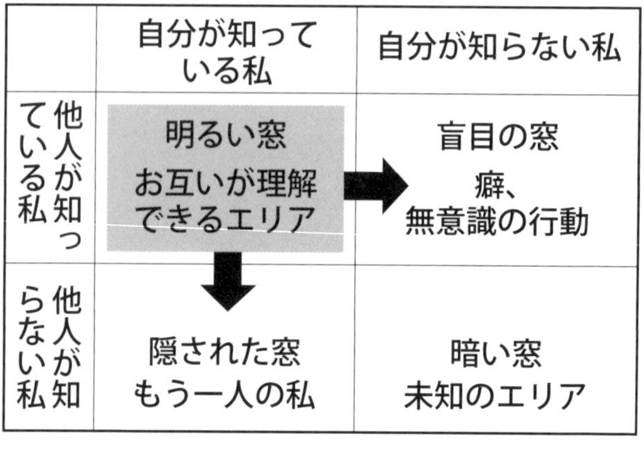

図2-2　ジョハリの窓

（出所）筆者作成.

20　第Ⅰ部　人生を幸せにするスポーツマンシップ

の4つがあると考えた．そして，この対人関係における気づきのモデルは，2人の名前を取って「ジョハリの窓」と呼ばれた．

お互いが理解できる「明るい窓」が大きければ大きいほど良いとされている．その方法の1つは，「盲目の窓」を小さくするため，他人の話を聞いて「自分が知らない私」を知ること．もう1つは，「隠された窓」を小さくするため，「他人が知らない私」を他人に知ってもらうことである．

当然，例外もあるだろう．よって，お互いの情報をかならず共有しなければならないということではない．

質問1．下の絵は，何に見えますか？
人によって，見え方が異なります．
グループでディスカッションしてみよう．

この絵から学ぶこと

　人により，娘に見えたり，老婆に見えたりするが，どちらも正解である．我々は，自分が見たものが正しいと勘違いしている．自分が，老婆に見えるのに，友達が娘に見えると言えば，友達を疑う．場合によっては，友達を無視するか

第 2 章 スポーツマンシップとは　　21

も知れない.ここで大切なことは,意見や考えの異なる人の話を聞くことである.なぜ,その人には老婆でなく娘に見えるのか,話を聞くことで自分にも娘が見えるようになるのである.

意見や考えの違った人を排除するのでなく,むしろ受け入れることである.個々が成長するチャンスでもある.

娘　　　　　　　　　　　老婆

違った視点で,物事を捉えてみる.

事例1.ウサギとカメの物語から学ぶ

　ウサギとカメの物語では,ウサギが途中で昼寝をしたために追い越されてカメの勝ちになる.この物語から,皆さんは何を学んだのか?
グループでディスカッションしてみよう.

ウサギからは,「己を過信してコトを怠れば失敗する」「油断大敵」.常に,気を緩めてはいけないこと.

カメからは,足が遅くても,一生懸命コツコツ努力をすればウサギに勝てる

こと，「あきらめずに継続して努力をすれば報われる」などだろう．

　しかし，こんな考え方もある．

なぜ，カメは寝ているウサギを起こしてあげなかったのか？

カメはフェアではなく，スポーツマンシップに反するのではないか．

今まで，だれも，不思議に思わなかったのだろうか？

その他にも，なぜ，ウサギはカメに「どうしてそんなにのろいのか」と挑発したのか？

なぜ，（ウサギのミスでたまたま勝ったけど）カメは負ける勝負をしたのか？

違った視点で，物事を捉えてみると，いろんな見方や解釈ができるのである．

　事例2．みかん狩りのお話し
　みかん狩りで，あなたは，どんな食べ方をしますか？
　グループでディスカッションしてみよう．

1，入場料分食べて元を取る．
2，その場で，新鮮なおいしいみかんを食べる．

　多くの人は，1の入場料分を取り戻すという食べ方をする．これは損得による判断で，損しないように無理してみかんを食べることもあるだろう．一方，2のその場で新鮮なおいしいみかんを食べる方は，無駄にみかんをもぎ取ることも無く，みかんにもやさしく，もっとも幸せな食べ方である．前者は量を重視する食べ方であり，後者は質を大切にする食べ方といえる．

　みかん狩りの楽しみは，自分がおいしいと思う新鮮なみかんを，その場でもぎ取って食べることではないだろうか？

　これからは，「損得」だけでなく「好き嫌い」や，「量」だけでなく「質」など，違った尺度で物事を見ることである．

第　2　章　スポーツマンシップとは　　23

参考文献

ウェイトリー, D. [2012]『人生とは, 一着にならなければならないような愚かな生存競争ではない』(田中孝顕訳), きこ書房.

3

sportsmanship
文武両道について

▼ *1.* 一流アスリートに学ぶ文武両道

　質問1, あなたは, 文武両道をどう思いますか？　賛成ですか, 反対ですか？
それはなぜですか？　グループで, ディスカッションしてみよう.

　アメリカには, 知・体・徳を身につけ, 学業でもスポーツでも成功し, 社会
人としても尊敬されるアスリートが数多く存在している. しかし, 日本には文
武両道のアスリートが少ないのはなぜだろうか？

　その理由として, 『文武両道, 日本になし』の筆者であるマーティ・キーナー
ト[2003]は, 「海外では一流のスポーツ選手から医者や弁護士に転進した『文
武両道』の秀才アスリートが数多く存在するが, 日本では, 1つのスポーツか
学問に身を捧げ, それを誉めたたえる奇妙な『美徳』がある. 古臭く, 柔軟性
のないシステムが, 『文武両道』の可能性を秘めた子供たちの芽を摘み取って
しまっているのではないか？」と言っている.

　文武両道を実践しているアメリカでは, どのような対策を打っているのだろ
うか？

　アメリカでは, そもそもスポーツより学業が優先である. そのために,
NCAA（全米スポーツ協会）は, 勉強と競技の両立を目指すために, すべての競
技において, どの大学も平等の練習期間と練習時間で競わせるルールをつくっ

ている．その一例が，「試験期間中はトレーニング禁止」「大学入学前に新人合宿を禁止」などである．

　例えば，野球の場合，オフシーズンとなる秋学期は，チームでの練習期間が合計5週間，練習時間は週20時間の制限を決めている．規制なしにコーチに指導をやらせたら，年中朝から晩まで練習をさせて，勉強の時間も無くなってしまうからである．

　日本では，どのようなことがおこっているのか見てみよう．夏の全国高校野球選手権大会に出場したある監督の言葉である[1]．

　「僕ね，『文武両道』って言葉が大嫌いなんですよね．あり得ない」

　「野球と勉学の両立は無理，文武両道って響きはいいが，そこに逃げている」

　「一流とは『1つの流れ』であり文武両道は二流である」と発言．

　記者の「朝5時から練習するそうですが，選手が自主的に？」の質問に，監督は，「半強制です．自主的にやるまで待っていたら3年間終わっちゃう．練習が終わって学校を出るのは21時くらい．本当に遅いときは23時くらいまでやることもあります」と答えている．

　先ほどのアメリカの考え方に対して，日本では今でも，規制が無いので，年中朝から晩まで練習をさせている監督やコーチが多いのが現状である．

　学生のスポーツに対する考え方にも違いがあるようだ．アメリカの学生は，スポーツは，「borrowed time」＝「わずかな時間」「借りてきた時間」にするもので，スポーツは「天からの贈り物」で束の間の楽しい時間にするものという認識である．安易に「野球にすべてを賭ける」とか「スポーツが人生だ」という考えはないという．彼らは，結果として，スポーツで生計を立てる人はいるけれど，スポーツに賭けて生計が立てられるほど，プロの世界は甘くない，スポーツは遊びであり人生を賭けるものではないと考えているようだ．

　現実的に，学生時代にいくら活躍しても，プロになれるのはほんの一握り．さらに，多くのプロ選手の中で生き残れるのはさらに一握りの人である．引退すると一般的な社会生活を送るようになるため，日本のように学生時代にス

ポーツばかりしていると，引退後に食べていけなくなる．これは，監督やコーチにも，問題があるだろう．

また，日本には，「二兎を追う者は，一兎をも得ず」という諺がある．この解釈に問題があるのではないだろうか．これは，「2匹のウサギを追うと，結局両方とも捕らえることはできない．」という意味である．私が言いたいのは「2匹のウサギなら，2匹を追うより，1匹に集中すればよい．しかし，学びとスポーツは，どちらか一方では不十分で，車の両輪のように2つ揃って機能を発揮する」と言うことである．文武両道を，文武不岐と言うのもそのためであろう．文武両道は，どちらか1つではダメで，2つを追わなければならないのである．ただし，全ての人に文武両道を押し付けるつもりはない．

アメリカのアスリートは，知育・体育・徳育のうち，知育・体育だけでなく，徳育でも優れているようだ．

『サムライ審判 白熱教室』の筆者で，マイナーリーグ審判の平林岳［2011］は，「野球のようなチームスポーツは，いくら才能があっても，協調性，社会性がなければ成功できない」「メジャーリーグでは，一歩抜け出るには，技術より人間性が必要．そのために，マイナーリーグがある．日本の二軍とは違う」と言っている．マイナーリーグは，技術だけではなく人間性を磨くためにあるようだ．

また，平林は，「スポーツをやっているだけで，無条件で人格が形成されることはない．指導方法によっては，捻じ曲がった考えを持つこともある」「スポーツは，知育に役だち，徳育にもつながる．しかし，勝に拘ると，徳が育たない」と言っている．

監督やコーチなど指導者のアスリートへの影響は大きく，日本において指導者の育成が今後の課題であると言える．

第 3 章 文武両道について　　27

2. 世界で一番勉強しない日本の大学生

『なぜ日本の大学生は,世界でいちばん勉強しないのか?』の筆者,辻太一朗 [2013] によると,このままでは,日本は没落してしまうほど日本の大学生は,海外の大学生と比べて勉強していない.これは,東大・慶應・早稲田などの一流大学も例外ではないという.日本では,大学生・大学の先生・企業の採用担当者のそれぞれが自分の利益を最大化した結果として,「勉強しない大学生」が量産されているようだ.

図3-1を見ると,学業に使う時間がいちばん長いのは高校3年生で,1日6時間17分,次いで中学3年生の6時間6分となっている.大学生は,1日3時間33分で,小学6年生の1日5時間10分よりも短い.

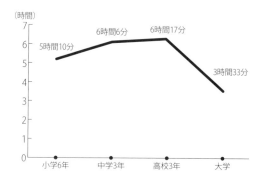

図3-1　1日のうち,学業(学校での授業,予習・復習,宿題などを含む)に使う時間
(出所)総務省「平成23年　社会生活基本調査」.

図3-2は,学業以外の学習に使った時間を示したものである.中学3年生と高校3年生が約1時間なのに対して,大学生は29分で,小学6年生の38分よりも学習していないことが分かる.

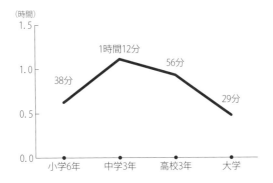

図3-2　1日のうち，学業以外の学習(自己啓発・訓練など)に使う時間
(出所) 総務省「平成23年　社会生活基本調査」．

　図3-3は，日米の大学生の授業時間を除いた1週間の授業に関連する学修時間の調査結果である．日本の大学生でいちばん多いのが，「1～5時間」の57.1％．まったく学修しない「0時間」の学生が9.7％もいる．1週間に5時間以下の学修時間が約7割を占め，11時間以上学修している学生は15％しかいない．米国の大学生は，学修しない学生は0.3％とほぼ皆無であり，5時間以下の学修時間の学生は2割以下で，約6割の学生が11時間以上学修しているのである．

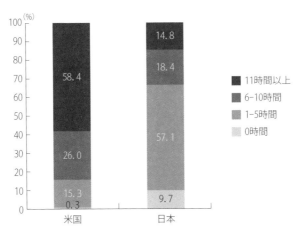

図3-3　授業に関連する学修の時間(1週間当たり)
(出所) 東京大学大学経営政策研究センター「全国大学生調査2007」より．

第　3　章　文武両道について　29

図3-4は，日本の大学生の1日の活動時（8.2時間）の分布である．

大学生の重要な自律的学修の時間は，授業の予習・復習などの学修時間の1.0時間と卒業論文関連の0.7時間の合計1.7時間しかなく，アルバイトの1.8時間とサークルの0.9時間と比較して，自律的な学習時間が少ない．

アルバイトの時間と家庭所得との相関は非常に弱く，むしろ大学に興味を持てない学生がアルバイトに多くの時間を使っている傾向にあるようだ．

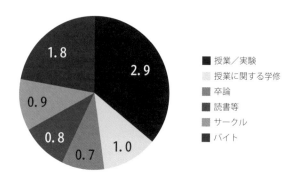

図3-4　日本の大学生の活動時間の分布（単位：時間）
（出所）東京大学大学経営政策研究センター「全国大学生の調査2017」．

質問1．私たちは，なぜ勉強するのでしょうか？　なぜ勉強しなければいけないのでしょうか？
グループでディスカッションしてみよう．

10年以上前になるが，大阪にある進学塾のサポートをしたことがある．この塾は，生徒が辞めないことで有名になった．理由は，塾の先生がスポーツマンシップを持ち，生徒を尊重し，信頼関係を築いたからである．また，採用試験では，「子どもが，なぜ勉強しなければならないのか？　と言ったら，あなたはどのように答えますか？」という質問に，うまく答えられた人を採用したのである．さて，あなたはどのように答えるだろうか？

ここでは，参考に事例を3点紹介する．

事例1， 漫画の『ドラゴン桜』では，「頭のいいやつに騙されないように勉強しよう」と言っている．社会にはルールがあり，頭の良い奴が都合のいいようにルールを作っている．そして，賢い奴はそのルールを上手く利用して得をする．頭を使わない奴は，一生騙されて損を続ける．だから，「騙されないように，損しないように勉強しよう」という訳である．

事例2， テレビドラマの『女王の教室』では，「勉強はしなければならないものではなく，勉強はしたいものだ」と言っている．知らないものや，美しいもの，不思議なものに沢山出会い，もっと知りたい，もっと勉強したいと自然に思うもの．勉強は，「受験の為にするのではなく，勉強したいからするもの」という訳である．

事例3， 『勉強する理由』の筆者，石井大地［2009］は，勉強とは，「自分が幸せになるためにする努力である」と言っている．なにも講義を聞いたり，机に向かって参考書を開いたりするだけが勉強ではない．幅広い経験を積んだほうが人生は絶対に楽しい．勉強ができる人は，我慢して勉強したからではなく，「単に勉強自体が楽しいからするのだ」という訳である．

「なぜ，勉強するのか？」をまとめると，それは，勉強することによるメリットがあるからである．どのようなメリットがあるのか下記に示す．

　(1) 勉強することで，賢くなり騙さることが少なくなる．
　(2) 勉強することで，新たな発見でさらに勉強が楽しくなる．
　(3) 勉強することで，幸せになり人生が楽しくなる．
　(4) 勉強することで，多くの人と友達になれる．
　(5) 勉強することで，将来仕事が楽しくなる．

　みなさんは，勉強することにどのようなメリットがあると考えましたか？

注

1）『日刊ゲンダイ』2017年8月10日号より.

参考文献

石井大地［2009］『勉強する理由』ディスカヴァー・トゥエンティワン.

キーナート，M.［2003］『文武両道，日本になし――世界の秀才アスリートと日本のど根
性スポーツマン――』（加賀山卓朗訳），早川書房.

辻太一朗［2013］『なぜ日本の大学生は，世界でいちばん勉強しないのか？』東洋経済新報社.

平林岳［2011］『サムライ審判「白熱教室」――世界の舞台で見たハイクラスコミュニケー
ション――』エル書房.

4 sportsmanship
人生を幸せにするスポーツマンシップ

1. 成功と成幸の違い

成功と成幸の違いを考えたことがあるだろうか？　例えば，ビジネスで成功すると，家庭などのプライベートがうまく行かなくなるようだ．これは，1つの分野に拘るため，他の分野がおろそかになるからである．そこで，ポール・J・マイヤーは，人生を6つの分野に分け，どの分野にも目標を立て，実現する生き方を勧めている．そのような真の成功を目指す人を「トータル・パースン（全人格）」と言う．1つの分野の成功では，幸せになれない．6つの分野での成功者が，真の人生の成幸者になれるのである．

ポール・J・マイヤーとは，どのような人物なのか．少年時代から抜群のアイデアと実行力で，夢を追い続け，16歳のときにプルーンの摘み取り作業で新記録を打ち立てるなど，数々の成功のエピソードを作った．

高校時代はキャンベル・ハイスクールを優秀な成績で卒業し，兵役につく．

兵役を終えたポール・J・マイヤーはサンホセ州立大学に入学したが，マスプロ教育に反発し90日で退学し，保険のセールスマンになる．

保険のセールスマンとして，社会への第一歩を踏み出した後，セールスの記録を次々と更新する．1951年，23歳の時に最年少で100万ドル・ラウンドテーブルの会員となり，27歳で億万長者となる．

その後自ら創出したアイデア，成功理論をシステム化した「サクセス・モチ

ベーション・インスティチュート」を創立. その成功哲学は, 自己啓発プログラムとして, 日本語を含む23カ国語に翻訳され, 世界80カ国で活用されている.

真の成功を手に入れる6分野をPJMジャパン［2008］より紹介する.

1. 健康と身体面

健康を保つためのスケジュールを立てて下さい. 健康を失うと, 動けなくなり, 余計な時間やお金を使うことになります. それゆえ人生を豊にするために, 私たちには自分の体を管理する責任があります.

2. 教養と教育面

常に新しい分野に関心を持って下さい. 水面下にあるあなたの潜在能力を開発するためには, 教養を身につける必要があります. あなたの国の文化も本来あなたの一部になっています. そうした学びも自分を知ることとなり, 大いに役立ちます. こうした努力は, 全てあなたの財産となり, 必ずあなたの人生の力になります.

3. 社会と文化面

自分以外の人を助けることは, 自分を成長, 開発する上で大きな効果があるものです. 他の人に『良いことを与える人間』になって下さい. その結果は, 何倍にもなってもどり, あなた自身を幸せにします.

4. 職業と経済面

収入, 必要経費の支払い, 貯蓄, 投資についての目標を設定して下さい. 自分だけが利益を得るといったような間違った価値観は, お金そのものを悪にしてしまいます. あなたの長期目標と短期目標は, 金銭面に関してもあなたの価値観と一致していますか.

5. 精神と倫理面

家族, 人, 仕事を愛しましょう. すると弱い人間も強くなります. 愛は, 暗黒の海から照らす灯台です. あなたの進むべき道を照らしてくれます. 愛がなければ, 真の成功者とは言えません.

6. 家族と家庭面

家庭は最小単位の社会です．家族をまとめられない人は，他人をまとめることもできないものです．家族においても愛は与えられるものでなく，与えるものです．成功を真のものにし，長続きするためには，家族への愛情や，人間同士のふれあいが必要になります．

我々は，家族の幸せのために働いているにもかかわらず，1つのこと（仕事）に集中するあまり，家族との時間が少なくなり，自らの体や心を害し，友とも疎遠となり，経済面で成功しても，家族面でうまく行かず，健康面で問題を抱え，倫理面で愛するものを無くし，文化面で孤立し，結局不幸になるのである．成幸者になるには，これらの6つの分野を忘れず，バランスを考え実行することである．

アスリートのライフスキルプログラム

ライフスキル（lifeskills）とは，WHOは「日常的に起こる様々な問題や要求に対して，より建設的かつ効果的に対処するために必要な能力」と位置づけており，1994年に各国の学校の教育課程にライフスキルの修得を導入することを提案している．

WHOが掲げるライフスキルの10項目を下記に示す．[1]

① 意志決定能力
② 問題解決能力
③ 創造的思考
④ 批判的思考
⑤ コミュニケーション能力
⑥ 対人関係の構築と維持能力
⑦ 自己認識
⑧ 共感する能力

⑨ 感情を制御する能力

⑩ 緊張とストレスに対処する能力

　アスリートのために作られたライフスキルプログラムがある．ジョージア工科大学のホーマー・ライスが開発した「トータルパーソンプログラム」や，NPO法人神戸アスリートタウンクラブが作成した「アスリートのライフスキルプログラム」などである．

　いずれも，大学生アスリートが，競技引退後のキャリア形成を円滑なものとする教育プログラムであり，「ライフスキル」と呼ばれるように学習により獲得が可能な内容となっている．

　吉田良治によると，[2] 上記のホーマー・ライスにより考案された「トータルパーソンプログラム」は，学生アスリートが，学生時代だけでなく，卒業後社会人になっても，バランスの良い人間的な成長を遂げるように考えて作られている．スポーツにおけるパフォーマンス向上だけでなく，学業優先の取組み，地域社会への貢献，回りの人々への感謝など，社会人としても活用できる内容になっている．

　ちなみに，ホーマー・ライスの「トータルパーソンプログラム」の元になっているのが，ポール・J・マイヤーの「トータルパースンプログラム」である．

　ジョージア工科大学では，このライフスキルプログラムを実施した結果，下記の様な変化があったと吉田は報告している．

・学生スポーツ選手の卒業率が，30％台（1981年）から80％台（2002年）へ

・学生スポーツ選手のGPA（平均成績値）がスポーツ選手平均が2.86へ上昇

・大学の学術レベルは全米の大学で30位台に上昇

・スポーツ選手の学生の卒業後の就職が安定

・アメフト，バスケット，野球，ゴルフで全米ナンバー1に

・オリンピックで4つのゴールドメダルを獲得

・凶悪犯罪の減少と町の治安が安定　etc.

その結果，このプログラムは全米の200大学以上で採用されている．また，NCAA（全米大学体育協会）が考案し，加盟約500大学が活用中のNCAA版ライフスキルプログラムの基礎にもなっている．

人間の可能性について

筆者は「この世の中で，もっとも無駄に使われているのは人間の能力である」と考えている．我々人間は，計り知れない可能性を秘めている．そのためには，不屈の精神で耐えることも時には必要であり，これもスポーツマンシップの1つであると考える．

ここでは，成功者が絶望や落ちこぼれから，どのようにして成功をつかんだのか，耐えることの重要性と人間の可能性について考えてみる．

我々が，自己の能力を十分に活用できていないのは，「もう無理だ」と自分自身で限界をつくり，あきらめるからである．しかし，あきらめるか，挑戦するかを決めているのは自分である．人生の成功者になるか，敗者になるかを決めているのも，楽しい人生にするか，つまらない人生にするかを決めているのも自分である．

逆境や困難を望まない人は多いが，変化のない人生ほどつまらないものはない．自分の中に眠っている能力を引き出すには，むしろ逆境が必要であり，逆境に耐え，乗り越えるからこそ人格が形成され成長するのである．困難が大きいほど，乗り越えた時の喜びも大きい．逆境ほど面白く，挑戦しがいのあるものはないだろう．このように逆境をどう捉えるかを決めているのも自分である．

どん底からどのように復活し成功したのか，成功者の事例を見ていこう［木村
2004］．

成功者1

青年は，1901年生まれのマンガ好きの貧乏アニメーターである．

アパートを借りるお金もなく，勤めていた映画スタジオの倉庫を借りて寝泊
まりをしていた．そこは不衛生で，ゴキブリやネズミがよく出てきた．

ある日，「オズワルドシリーズ」というアニメを制作し，見事大ヒットさせる．
しかし，権利を会社に取られ，成功報酬が一切入ってこないことになる．スタッ
フも，会社に引き抜かれ，路頭に迷う．1923年，22歳の時の出来事である．

質問1，あなたなら，どうしますか？　夢を諦めますか？　挑戦しますか？

彼は，泣きながら故郷に帰り，1からやり直すことにした．自宅のガレージで，
モクモクと新しい作品を描きました．そして，できた作品が……．

『ミッキーマウス』（1928年）である．

彼は，ハリウッドに戻る列車の中で，1人空想にふけりながら，昔の不衛生
な倉庫に頻繁に出没したネズミを思って描いたのである．

彼は，世界最高のロイヤリティーを得ているが，これは，「オズワルドシリー
ズ」をヒットさせた時に，権利を会社に取られる失敗を経験していたからである．

ウォルト・ディズニーは，「夢を見ることができるなら，それは実現できる
んだ．いつだって忘れないでほしい．何もかも全て1匹のネズミからはじまっ
たということを」と言っている．

成功者2

少年の名は，スティーヴランド・モリス．1950年，未熟児で生まれ，保育器
内の過量酸素が原因で，盲目となった．まもなく，父親は失踪し，悲惨な人生
になる．

38　第Ⅰ部　人生を幸せにするスポーツマンシップ

質問2, あなたなら, どうしますか？　絶望の日々を送りますか？　前向きに生きますか？

　転機は, 小学校の理科の授業で起こった. 実験用のネズミが逃げ出した時である. みんなで探しても, ネズミが見つからない.

　そこで先生が「モリス君に探してもらいましょう. あなたは, だれよりも聴力が優れているはず. あなたなら, ネズミの声が聞こえるはずよ」とモリスに依頼した.

　そして, モリスはみごとに逃げ出したネズミを見つけだしたのである.

　みんなは, 彼の聴力のすごさに驚いた.

　彼もまた, みんなに認められたことに驚いた. こんなぼくを認めてくれるんだと！

　モリスは, 成功したのち,「私の人生は, みんなに認められたあの時に始まった」と言っている。

　その人のまたの名は……

　スティービー・ワンダー

　ジョセフ・マーフィーは「すべての障害は, 形を変えた祝福である」と言っている.

　事実, 成功者は, 恵まれた環境で育った人より, 問題のある環境で育った人の方が多いという. なぜなら, 問題のある人の方が, 成功に対して真剣に取り組んでいるからである.

　成功より, 失敗から学ぶことの方が多いというが, まったく私もそのように考える. 成功よりも失敗が成長に繋がっている.

　一見不便に見えるものに益があり, 便利に思えるものに害が隠れているのである.

2. スポーツマンの習慣

習慣の力

人生の成功者は，良い習慣を持っている．ここでは，習慣について考える．

『「習慣で買う」のつくり方』の筆者，ニール・マーティン [2011] は，人間は習慣の動物であり，考え方，感じ方，行動（ある出来事に対しての反応も），結果にいたるまで，人間の行動の95％が無意識に操られており，日常生活のさまざまな場面で見せる無意識の行動や反応は，子どもの時から今まで積み重ねられてきた結果であると言っている．例えば，授業中に「集中できない」「ガマンできない」「居眠りする」「携帯を見る」などは，今までの習慣によってつくられている可能性が高い．習慣になっていれば，本人が意識していなくても，気づけば，窓の外を見たり，携帯を見たりしていることだろう．

習慣の力が，どれだけ我々の人生に影響を与えているのかさらに詳しく見ていこう．

第16代ローマ皇帝で，哲学者でもあるマルクス・アウレリウス・アントニヌスは，「いつも何を考えているかで，自分が決まる．魂は，己の考えに染まる」と言っている．

イギリスの詩人，ジョン・ドライデンは，「はじめは人が習慣を作り，それから習慣が人を作る」と言っている．

アメリカ合衆国の哲学者，ジョン・デューイは，「人間は理性の生き物でもなければ，本能の生き物でもない．人間は習慣の生き物である」と言っている．

アメリカの神学者，ナサニエル・エモンズは，「よい習慣を身につけることは，最高の召使いを雇うこととなり，人生における成功の獲得を手助けすることでしょう．しかし，悪い習慣を身につけることは，最悪の主人に雇われることとなり，よい習慣と逆の結果を招くでしょう」と言っている．

以上の名言を聞いてどのように感じただろうか？

　幸せな人生を生きている人は，幸せな人生を生きる習慣を身につけ，辛い人生を生きている人は，辛い人生を生きる習慣を身につけている．そして，現在の習慣は，過去の行動によって作られ，未来の習慣は，今の行動によって作られるのである．

　自分を育て，向上させてくれる習慣を身につける大切さに気付いただろうか．我々は，習慣になるまでは苦労するが，一旦習慣になれば，苦労もなく自動的に行動できるようになる．今のうちに，自らの習慣を見直し，悪い習慣をやめ，良い習慣を増やすことである．

質問1，自分の良い習慣と，悪い習慣を見つけよう．他にどのような習慣があるのか？
グループでディスカッションしてみよう．

　悪い習慣の例

　　歯を磨くのが邪魔くさい．

　　集中して人の話を聞けない．

　　いつも無愛想な顔をしている．

　　夜遅くまで遊び，朝遅くまで寝ている．

　　片づけができない．

　　体を動かすのが邪魔くさい．

　良い習慣の例

　　食事の後に歯を磨く（最近は食後すぐに歯を磨くのはよくないという意見もある）．

　　人の話を聞くのが好き．

　　いつも笑顔であいさつする．

　　早寝早起き．

　　いつも綺麗にしてる．

すぐ行動に移せる.

2匹の狼の話

我々の中には2人の自己が存在している.

1人は，衝動のままに行動し目先の欲求を満たそうとする自己.

もう1人は，衝動を抑えて欲求を先に伸ばし，長期的な計画に従って行動する自己.

子どもと老人の会話である.

老　人：「人の中には，2匹の狼が住んでいる.

1匹は，恨み，憎しみ，妬み，怒り，怠慢などの悪魔の感情を持った狼.

1匹は，愛，喜び，感謝，尊敬，集中，関心などの天使の感情を持った狼です」

こども：「では，どちらの狼が出てくるのですか？」

老　人：「それは，あなたが，普段から育てている狼が出てくるんだよ.

悪魔の感情を持った狼を育てるのも，天使の感情を持った狼を育てるのも，それは，あなたが決めることです」

私たちの毎日の行動が，どちらかの狼（習慣）を育てている. 早くそのことに気づき，今から正しい行動を選択することである.

成功を手に入れる7つの習慣

ここでは，人間力として身につけるべき基本となる7つの習慣，① あいさつ，② 笑顔，③ 感謝の気持ち，④ 姿勢，⑤ 早寝早起き，⑥ 整理整頓，⑦ 一日一善について紹介する.

スポーツをする子どもたちは，スポーツだけ頑張って練習しても，夢は達成しない. スポーツ以外の人間力も重要である. そのスポーツ以外の重要な習慣がこの7つの基本項目である.

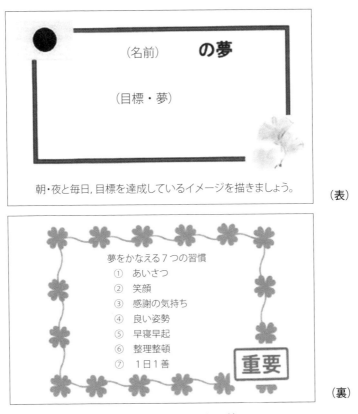

図4-1 夢をかなえるカード

(出所) 筆者作成.

　図4-1のカードに，自分の名前と夢を書く．裏には7つの習慣が書かれている．毎日このカードを見て，夢を達成している成功のイメージを描き，良い習慣を身に付けようというわけである．ここで紹介している7つの習慣は，小学生・中学生だけでなく，高校生や大学生でも十分役立つものである．まさに，スポーツマンシップを身につけ，人生で成功したい人に，持ってもらいたい基本となる習慣である．

① あいさつ

あいさつは，お互いに姿を確認した際，言葉や身振り，あるいはその両方で互いに相手の存在を認めたとわかる行動（目を合わせ，手を挙げる，言葉を掛けるなど）であり，相手と自分に対する思いやりの気持ちが込められている．よって，あいさつは，笑顔で，元気に，明るく，相手の目を見て，心で伝えることである．

「おはようございます」には，「私は元気です．あなたも元気ですか？　がんばっていますか．私もがんばります」の意味が含まれており，礼儀と思いやりの基本である．

② 笑顔

笑顔には不思議な力がある．笑顔は人の心に温もりを届け，不安を吹き飛ばす．笑顔を見ると「私は受け入れられている」と安心し，心を開きたくなる．

逆に，機嫌が悪そうな顔，怒ったような顔を見ると，「拒絶されている」と不安・不快になる．笑顔で，周りの人々に温もりを届けよう．

また，スポーツにおいて緊張は最大の敵である．この緊張に役立つのが笑顔である．笑顔にすると，体の緊張が緩みリラックスできるのである．緊張した時は笑顔である．スポーツ心理学の世界では，緊張時は「スマイル」が合言葉である．

③ 感謝の気持ち

感謝の気持ちがあれば，今を幸せと感じることができる．

「あなたの夢は，なんですか？」と聞かれ，「大人になるまで生きること」と答える子どもがいる．「あなたの夢は，なんですか？」と聞かれ，「僕の夢は人間になること」と答える子どもがいる．日々の生活のために，学校に行けず，ゴミ捨て場で暮らす子どもがいる．その一方で，日本のように平気で食べ物を残す子どもがいる．世界の2割の人間が7割の食糧を食べているとも言われている．今の生活に感謝すると共に，私たちに何ができるのかを考えてみよう．

世界の健康情報を提供するgeefeeによると，[3] 感謝することで人はストレスに

強くなり，気持ちが明るくなり，不安が減り，良く眠れるそうだ．

脳と精神衛生の専門家であるドライスワミー博士は，「もし感謝が薬だとしたら，人間のすべての臓器に効く，世界で一番売れる薬となるであろう」と言っている．

スポーツできること，学校に行けること，食べられることに感謝すること．

足りないことに意識を向けず，足りていることに意識を向けること．そして，感謝の気持ちを忘れないことである．

④ 姿勢

姿勢には，心の姿勢と体の姿勢がある．心の姿勢は，意欲や心構えである．体の姿勢は，立ち方，座り方，歩き方等である．いずれも重要な要素である．アスリートとしての心構えや立ち振る舞いを身につけよう．

心の姿勢

心の姿勢として下記の3つの項目が考えられる．

① モチベーション（意欲・やる気を持つ）

② メンタルタフネス（不安に負けない，落ち込まない）

③ プラス思考（前向きに考える）などである．

これらの心の姿勢を，維持することが重要である．

ジェームズ・アレン［2004］は，「あなたの生き方は，あなたの心の姿勢そのものであり，あなたの人生の中身は，あなたがどんな心の姿勢をもっているかで決まってきます．あなたがいま手にしている人間関係のすべてが，あなたがこれまでに培ってきた心の姿勢の結果である」と普段，あなたが考えていること，あなたの心構えがあなたの人生をつくっていると言っている．

第 4 章 人生を幸せにするスポーツマンシップ 45

体の姿勢　＝　立ち方，座り方，歩き方

　スポーツにおいて，最も良いパフォーマンスを出すための基本は，正しい姿勢にあると言われている．また，悪い体の姿勢がもたらす不利益として，健康上の問題と見た目からくる印象の問題がある．

　健康上の問題では，猫背になると，分散されるはずの体重の負担が一部に偏り，関節等を不自然な状態にするので腰痛の原因になる．他にも，肩こりや膝の痛みの原因にもなる．

　具体的に，見た目（外見）の問題として，猫背は覇気がなく自信がないように見え，スタイルも悪く見える．背筋を丸めていると，悪い印象を与える．正しい姿勢で軽く胸を張っていると，恋愛や仕事においても好印象を与える．

　猫背になって，下を向いて胸を狭めて歩いていると気分が滅入り，背筋を伸ばして上を向いて，胸を張って歩いていると気分が前向きになることがわかっている．この様に，行動により心の気持ちを切り変える方法を行動療法と言う．プロゴルファーが，ミスショットの後に，わざと笑顔で，胸を張り，大股で歩くのは，この行動が気分を回復させることを知っているからである．

　良い立ち方のポイント

　・あごを引く．

　・背筋を伸ばし，首・肩の力を抜き姿勢を保つ．

　・耳，肩の中央，くるぶしと，結んだ線が一直線にする．

　良い座り方のポイント

　・まず深く腰掛ける．

　・背もたれに寄りかからない．

　・椅子の高さを調整する．

　良い歩き方のポイント

　・背筋を伸ばして上体をまっすぐに，軽く胸を張り下腹部を引く．

・脚は着地する直前に膝を軽く伸ばし，かかとから着地し，最後はつま先から離れる．

・左右の線の上を歩くイメージ

⑤ 早寝早起き

　睡眠には，情報の記憶，再編成，アクセスにも役立ち，記憶力の活動を助長し，記憶を確固たるものにする働きがある．睡眠不足になると，身体の諸器官（心臓，肝臓，膀胱等）の機能不全，気分状態の変化（怒りっぽくなる，感覚・運動能力の低下，集中力や素早い反応の欠如），倦怠感，極度の疲労等が生じることが分かっている．

　スポーツにおいても睡眠は重要である．米国スタンフォード大学のシェリー・マーは，運動能力を向上させるための実験結果を発表している．大学のバスケットボール・クラブの選手に，シーズン中の5〜7週間，毎日10時間眠るように指示して，運動能力がどのように変化するか調べた．その結果，睡眠延長実験の前後を比べると，運動能力と意欲は明らかに良くなった．次のデータがその結果である．

・282フィートダッシュ　　　実験前：16.2秒　→　　　　後：15.5秒
・フリースロー（10回中）　　　　　　7.9回　→　　　　　　8.8回
・3ポイントシュート（15回中）　　　10.2回　→　　　　　　11.6回
・練習中のやる気（10点満点）　　　　6.9点　→　　　　　　8.8点
・試合中のやる気（10点満点）　　　　7.8点　→　　　　　　8.8点

⑥ 整理整頓

　整理整頓の整理と整頓の違いが分かるだろうか．整理とは，要るものと要らないものを分け，要らないものは処分すること．整頓とは，必要なものがすぐに取り出すことが出来るように，分けたり，分類することである．

　では，整理整頓ができていないとどのようなデメリットがあるのか考えてみる．

- 使わないモノが場所をとり，場所代が無駄．
- 見つからないと，また購入することになる．
- モノが，あるべき所にないとイライラする．
- 何から手をつけたらいいのかわからず，気持ちばかりが焦って進まない．
- 使いたいモノを探すのに時間がかかる．
- モノがたくさんあると，目に入って注意が向き，集中できない．
- 後で片付けようと思うと，そのことが頭の中に浮かび集中できない．

　これは，身のまわりの整理整頓だけでなく，「人生の目標は何か」「今，何をすべきなのか」など，頭の中の整理整頓も重要である．

　一流のアスリートは，「今何をすべきか」「今日の目標は何か」「1年後の目標は何か」常に頭の中が明確に整理されている．

⑦ 一日一善

　1972年，ミュンヘンオリンピック100M平泳ぎ金メダリスト田口信教選手の話である．田口選手は，「オリンピックには，魔物がすんでいる」という言葉を信じ，オリンピックで金メダルを取るには練習だけではだめで，運も必要だと考えていた．

　監督からも「自らの試合場所を汚すな．運がなくなることをするな」と言われていた．そこで，練習場所の後片付けをし，整理整頓し，ゴミ1つ落ちていないほどきれいに掃除をしていた．これなら文句ないだろと思っていると，監督から「大会関係者に対して感謝をしているか？」「タイムを計ってくれる人達にお礼を言ったか？」「運がないと勝てないんだぞ！」と言われた．

　田口さんは，どうすれば運がつくか，真剣に考えた．最終的に，運を良くするには心がけが大事だと「一日一善」を始めようと，監督に「一日一善というのはどうですか？」と聞くと，「一日一善で金メダルがとれれば安いもんだ」と言われた．それで『一日十善』でどうだと考え，『一日十善』と書いた紙を壁に張って，実行した．

例えば，「電車では，高齢者に席をゆずる」「車に鍬を積み，はねられた犬猫を見つけたら車を停めて，墓を掘って弔う」「合宿先でも，自分のモノは自分で洗濯をする」など，出来るだけ善いことをしようと心がけた．すると，周囲の人から「田口さんのような人に金メダルを取ってもらいたい」と応援してくれるようになった．

　勝っても負けてもこころから応援してくれる人々，このようなファンがいるからこそ，モチベーションも高まり，安心して試合に望めるのではないだろうか．そのためには，技術力だけでなく，人間力を高めることが重要である．

選択の力

　『選択の科学』の筆者，シーナ・アイエンガー［2010］によると，人生における「選択」が重要であると言う．人生は，「運命」，「偶然」，「選択」という3つの観点で決まるようだ．家庭，貧富の差は「運命」によって決まり，「偶然」は予測できないので準備ができない．しかし，「選択」は自分で何を選ぶか決めることが出来る．よって，「選択」は自らの力で人生を変えることが出来る重要な観点であると言っている．

　この選択の重要性を示す話がある．動物園の動物は，野生の動物より，はるかに食糧，衛生状態の面でめぐまれているにもかかわらず，寿命は圧倒的に短いようだ．たとえば，野生のアフリカ象の寿命は36歳であるが，動物園のアフリカ象の寿命は17歳である．この違いは，選択できるかどうかで決まっているようだ．

　The Guardian誌のウェブサイトのニュース[4]によると，動物園で生まれ育ったゾウは，捕食動物の餌食になることもなく保護され，野生よりも良い環境で暮らしているにもかかわらず，アフリカやアジアにいる野生のゾウの半分しか寿命がないという．

　英王立動物虐待防止協会（RSPCA）がまとめた研究報告書によると，アジアゾウの寿命は，動物園で生まれたゾウは18.9年だが，ミャンマーで働くゾウは

41.7年生存した．アフリカゾウの寿命では，飼育のゾウは16.9年，野生のゾウでは35.9年だった．国立公園内で人間に殺されたゾウを統計から除外すると野生のゾウの平均寿命は56年となり，飼育のゾウの3倍以上にもなる．

英環境・食糧・農村省の委託による研究報告書では，イギリス国内にある13の動物園の77頭のゾウについて調べた結果，平均して83％の時間を屋内で過ごし，71頭が太りすぎであることが分かった．また，正常に歩行できるゾウは，11頭だけだった．

野生のアフリカゾウは約5000平方キロメートル，アジアゾウは約800平方キロメートルの範囲を歩くが，動物園の囲いは，野生における最小の生息域の60分の1から100分の1程度しかない．人間に飼育されているゾウは，幼児殺し，結核，ヘルペス，歩行障害などの危険にさらされているという．

このように，いくら食べるものや衛生面で恵まれていても，選択の無い状態で生活することは，運動不足とストレスになっている．

だからこそ，私たちは選択することの重要さに気づき，自らの意思で体を動かし，主体的に選択し行動すべきである．

運のよい人の共通点

京都大学大学院工学研究科の藤井聡教授によると，長年の研究から「配慮範囲の面積が広い利他的な人ほど得をし，面積が狭い利己的な人ほど損をする」という結論を導き出したという．人は「自分→家族→友人→知人→他人」という順に，心理的な距離が遠くなる「社会的関係」を持っている．一方，人は物事に対処する際に，「現在→2〜3日先→自分の将来→子供の将来→社会の将来」という順に，思いを及ぼす「時間」がある．

「社会的関係」を横軸に，思いを及ぼす「時間」を縦軸にすると**図4-2**になる．横軸と縦軸を結ぶ曲線で囲まれた面積が，「配慮範囲」を表し，「自分のこと」「現在のこと」だけ配慮する利己的な人は「配慮範囲」が狭くなり，「他人のこと」「社会全体の将来」まで広く配慮する利他的な人は「配慮範囲」が広くなる．そし

てこの配慮範囲が広い利他的な人ほど得が増え，配慮範囲が狭い利己的な人ほど損が増えるという．

藤井聡［2017］の「運の科学」によると，人間に協力するか，裏切るかを分析することで，明らかになった社会構造があるという．

裏切り続ける人が多くなると，戦争が続いたり，泥棒が増えたり，嘘が蔓延する無秩序社会になる．一方，協力す

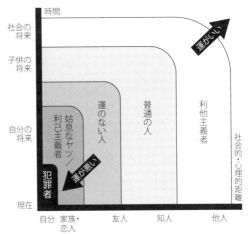

図4-2 「姑息なヤツ」は潜在意識の配慮範囲が狭い
（出所）藤井［2011］．

る人が多くなると秩序が保てて安寧の世界が訪れるそうだ．

よって，協力か裏切りかの選択の中で，「協力する」を選択した部族や集団は，「裏切り」を選択した部族や集団より優位に立つことができ，生き残ることができた．こうして，人類は協力することで進化してきたことが分かってきた．

だからこそ，徳が大切であり，スポーツマンシップも大切なのである．

自然を愛する心

龍村仁［1995］は，著書『地球（ガイア）のささやき』の中で，人間の知性を，自然と共生する知性でなく，自然をコントロールする「攻撃的な知性」と言っている．

例えば，我々は言葉や文字を生み出し，道具や機械をつくり，交通や通信手段を進歩させ，地球の未来を左右するほど科学技術を進歩させた．人間の「知性」は，自分たちだけの安全と便利さのために自然をコントロールし，支配しようとする「攻撃的な知性」であり，鯨や象は，人の「知性」とは全く別種の

「知性」をもっているという.

鯨や象のもつ「知性」は, 自然のもつ無限に多様で複雑な営みを, できるだけ繊細に理解し, それに適応して生きる「受容的な知性」と言っている.

同じ地球に生まれながら, 片面だけの「知性」を異常に進歩させてしまった我々人類は, もう一方の「知性」の持ち主である鯨や象たちからさまざまなことを学ぶ必要がある, と言っている.

我々は, あまりにも自分たちのことだけを考えすぎてきた結果, 地球環境に異変が起きているが, これらは人類が築いた文明が原因であろう. 今こそ, スポーツマンシップに則り, 人類だけでなく, 生き物や地球を尊重し, 思いやりを持って対処する必要があるのではないだろうか.

幸いにも, 日本には「天地万物に神が宿る」という言葉がある. これこそ, 全てのものを大切にする心であり, スポーツマンシップに繋がる考え方ではないだろうか.

最後に, スポーツマンシップとは

スポーツマンシップとは, 相手を尊重することであり, 思いやりをもって, ルールやマナーを守ることである.

勝った時は, Good Winner (良き勝者) として, 敗者に対する思いやりからおごらず, 負けた時は, Good Loser (良き敗者) として, 潔く負けを認め勝者に拍手を送る態度.

失敗してもあきらめずに, 不屈の精神で前向きに挑戦する態度.

そして, 全てを大切にする人間力を持ち合わせたこころと言えるのではないだろうか.

注

1)『朝日新聞』2007年1月29日朝刊より.

2)吉田良治「大学スポーツの在り方 (大学スポーツとライフスキル)」NPO法人神戸ア

スリートタウンクラブで講演，2009年2月28日．

3）「実は科学的!？ "感謝の気持ち" が健康に良い影響を与える理由」geefee，2018年（https://www.geefee.co.jp/心と頭脳/感謝/，2018年12月25日閲覧）．

4）"Stress and lack of exercise are killing elephants, zoos warned" *the guardian*, 2008年12月12日（https://www. theguardian-com/science/2008/dec/12/elephants-animal-welfare, 2018年5月23日閲覧）．

参考文献

アイエンガー，S.［2010］『選択の科学』（櫻井祐子訳），文藝春秋．

アレン，J.［2004］『「原因」と「結果」の法則3——困難を超えて——』（坂本貢一訳），サンマーク出版．

木村晃士［2004］『伝説の成功者はあなたよりも落ちこぼれだった』オーエス出版．

龍村仁［1995］『地球（ガイア）のささやき』創元社．

PJMジャパン［2008］『モティベーション名人——集中力・自分力を高め，夢を実現する——』日本地域社会研究所．

藤井聡［2011］「運がない人は，なぜ運がないのか」PRESIDENTOnline（https://president.jp/articles/-/8829 ，2016年5月15日閲覧）．

藤井聡［2017］「「認知的焦点化理論」に基づくと，「運」は科学的に説明できる」『経済界』（http://net.keizaikai.co.jp/archives/26576，2018年12月25日閲覧）．

マーティン，N.［2011］『「習慣で買う」のつくり方』（花塚恵訳），海と月社．

sportsmanship

II

日本におけるスポーツマンシップの脱構築

sportsmanship

筆者がスポーツの持つ教育的な可能性の考察を本格的にはじめる決定的なきっかけとなったのは，1996年4月〜1997年3月までのドイツ・ケルンスポーツ大学への留学である．ドイツはサッカーW杯において1954年大会から2014年大会まで16大会連続でベスト8以上に進出し，うち4回は優勝を収めているサッカーの超強豪国であるばかりでなく，地域社会にスポーツが深く根付いている生涯スポーツ先進国としても知られている．筆者はこのドイツにおける1年間の留学生活において，日本とは大きく異なるドイツのスポーツの在り方を様々な形で目の当たりにした．そして，そのスポーツの在り方は，未だ日本においては達成されていないスポーツ本来の姿であると感じた．

　そこで筆者はスポーツを専門とする者として，ドイツで目にしたような“スポーツのあるべき姿”を日本でも実現するという覚悟を決めて日本へ帰国し，現在に至るまでそのために必要と考えられる様々な具体的活動を可能な限り継続的に行っている[1]．

　この部では，筆者がドイツ留学帰国後から，スポーツの持つ教育的な可能性を最大化するための基本的作業として様々な対象に実施してきた講義が，2007年初旬に日本版スポーツマンシップともいうべき「スポーツマンのこころ」という話に結実したものを描き出すことを目的とする[2]．実はこの話の内容は，欧米では一般に広く理解されていることなのだが，残念ながら日本では未だ常識の域に達してない，ほとんどの人が理解できていないものなのである．そしてこの「スポーツマンのこころ」は筆者がスポーツの持つ教育的な可能性の実現のためには不可欠と考えるものであり，今後の日本のスポーツ振興全ての根底になくてはならない精神と考えているものでもある．

注

1）まずは本業である体育教師としての授業改善を実施し，運動の得意不得意に関わらず体育授業においてスポーツを楽しみスポーツを好きになれるような改善を行い，サッカー部の部活動指導者としては，練習メニューの改善を日々行うと共にトレーニングの量的側面での削減（練習時間，日数減）と質的側面で強度のアップを図った．また，地域社会におけるスポーツ環境を整えるべく，JリーグクラブであるFC岐阜の立ち上げにも関わった．そして，日本全国における日本スポーツの再構築のための各種講義の実施である．

2）2007〜2018年までの間に，717回の講義を行い，述べの聴講者数は5万5480名に至っている．

5 *sportsmanship*
日本版スポーツマンシップへの入り口

▼ *1.* スポーツをどのように捉えるのか？

　日本社会においては，教育概念であり関数概念である体育（身体教育）と実体概念であるスポーツとが明確に区別されていないという問題がある[1]．そこで現代社会におけるスポーツをどのように捉えるのかを提示することにする．

　現在我々が行っている様々なスポーツには先史時代からその原型と認められるものが存在していた［稲垣・谷釜 1995：39］といわれているが，そこに常に通底して存在してきた本質的な特性の1つは「遊び」の要素であるといえる[2]．

　そこで，まず，第1にこの「遊び」の要素をスポーツの本質的特長の中心的な要素と捉える．「遊び」とは参加者自らが楽しさを求めて行う「自主的・自発的」活動であり，「遊び」としてのスポーツ活動が行われる時空間は，日常生活とは意味付けや価値付けが異なっている非日常的な時空間である．そこで，この非日常の時空間で行われるスポーツという活動の特長を，スポーツの「非日常性」として捉える．

　つぎに，V.E.フランクルは人間がスポーツをすることに対して「困難によって成長するために困難を造りだす」行為であると述べている［フランクル 1993：38］．この言葉はスポーツが「非日常性」という枠組みの中で，"より速く，より高く，より強く"というオリンピック標語で表されるような卓越を目指す活動をする際に，日常生活では全く意味をなさない目標（例えば走高跳では，平行に

57

設置されたバーを一定のルールの下で落とさずに飛び越えること）を敢えて設定し，それをクリアすべくこの目標達成に必要な身体的能力の鍛錬に励み，"より高く"に挑み続けるということを表している．この「卓越を目指す」という要素をスポーツの本質的特長の第2の要素と捉える．そして，この「卓越を目指す」ことを自分自身（自チーム）の成長という視点で捉える場合にこれを「上達」であるとし，ゲーム場面などで他者（他チーム）との関わりの中で「卓越を目指す」場合を「勝負」として分類する．そしてこの「上達」と「勝負」には，まずは自分自身（自チーム）の心身の諸能力を鍛錬するというプロセスを経て，その後に他者（他チーム）との鍛錬の場における「勝負」に挑むという順序性がある．そこで，スポーツの「上達」から「勝負」へという順序性も含めた「卓越を目指す」特長を，スポーツの「競争性」として捉える．

　最後に，スポーツは「非日常性」という特長の中において「競争性」を発揮するための活動を"心身を激しく駆使する"ことによって行う．そして，その心身を駆使する程度は，通常の日常生活内での活動レベルを超えた「激しさ」や「厳しさ」を持っていることが一般的である．そこで，この心身を駆使するという要素をスポーツの本質的特長の第3の要素として，スポーツの「身体性」として捉える．

　以上，スポーツをこれら3つの本質的特長（非日常性，競争性，身体性）を持ったものとして捉えた上で「スポーツマンのこころ」を描き出していくこととする．

スポーツの捉え方のまとめ

　スポーツとは，「非日常性」「競争性」「身体性」の3つの本質的特長を持つ．

　「非日常性」とは，スポーツが日常生活とは異なる意味付けや価値付けを持つ時空間で行われる「楽しさ」を体験することを目的とした活動であること．

　「競争性」とは，人為的に設定された困難に対して，まず自分自身（自チーム）の心身の能力や可能性をより磨くことを目指し（上達），つぎに他者（他チーム）との鍛錬の場における切磋琢磨（勝負）による卓越を目的とした活動であること．

「身体性」とは，スポーツ活動において自らの心身に「激しさ」や「厳しさ」を伴った負荷を与える活動であること．

▼ 2. 近代スポーツマンシップを考える ◢

　この節では，日本版スポーツマンシップである「スポーツマンのこころ」の考察に先立ってSportsmanship＝近代スポーツマンシップの概念的把握を試みる．

　近代スポーツマンシップとは，18〜19世紀のイギリスにおいて，それまでの「民衆スポーツ」が非暴力化・洗練化などを経る事で「近代スポーツ」へと形成されていくプロセスを支えた倫理的イデオロギーである［阿部 2009］．そして，近代スポーツマンシップに支えられた近代スポーツがその後世界化を果たしたことが，現在の我々が享受しているスポーツ環境に結びついている．

民衆スポーツから近代スポーツへ

　阿部によれば，産業革命以前の民衆スポーツは「特別な用具を必要としない素朴な形式，特別な体力と技能や長期的な練習を必要としない即時性，多数の同時参加，粗暴性……を持つもの」［同書：35］であり，「『野蛮』，『低俗』，『放埓』，『無秩序』として攻撃」［同書：38］されるようなものであった．しかし，産業革命が進展する過程において，上流階級や新興中産階級の子弟が教育を受けるパブリックスクールにおいて「スポーツを性格形成の『手段』にしようとするムーブメント」［同書：47］が興隆してきたことにより，急速に「レスペクタブルな中産階級スポーツのモデル」［同書：41］として近代スポーツというものが誕生し成長していった．

　この時に性格や人格を形成する手段としてのレスペクタビリティを保証しうる倫理性が明確な形で近代スポーツに織り込まれ，この倫理性のすべてが「近代スポーツマンシップ」を形作るものとなった．

近代スポーツマンシップ概念の内包

　上述のように「近代スポーツマンシップ」概念の内包には，産業革命期におけるイギリスの上流階級や新興中産階級の子弟の教育を念頭に置いた倫理性が織り込まれていたが，それを，具体的に示すならば，スポーツマンシップとは「単に筋肉を鍛え……持久力を発達させるだけでなく，練習の過程で怒りを制し，仲間を思いやり，汚い手を使わず，ごまかしの疑いすらかけられるのを不名誉として拒絶し，失望しても陽気な表情をたたえ，最後の息が肉体から離れるまで決して負けを認めないこと」[同書:48]であるといえる．これらの徳目は，民衆スポーツにおいても偶然的に涵養されることはあり得たが，決して意図的に獲得を目指す目標とはなってはいなかった．

　これらの倫理性の獲得は，上流階級の子弟が将来大英帝国のミドルマネジメントとして，勇気，忍耐，自制心，公共心，公正さ，統率力を持った人材として大成し，世界各地の植民地へ羽ばたいていくことをその目的として持つものであった．

注

1 ）卑近ではあるが象徴的な例として，国民体育大会の英語訳がNational Sports Festival とされている事実がある．

2 ）本章では「遊び」の概念を「何もせずにぶらぶらしている」という様なマイナスのイメージのものではなく，J. ホイジンガが，人間を遊ぶことにおいて特徴づけられる存在として「遊ぶ人」＝ホモ・ルーデンスと呼び，またR.シュタイナーが，子どもが「遊ぶ」ときの"真剣さ"の経験は，子どもが将来多様な労働生活を営んでいく前提として重要な役割を持つと価値づけた様に，「遊び」を人間の人間らしさを象徴する行為として，そして「その行為に真剣に熱中する」という意味で捉える．

参考文献

阿部生雄［2009］『近代スポーツマンシップの誕生と成長』筑波大学出版会．

稲垣正浩・谷釜了正編著［1995］『スポーツ史講義』大修館書店．

フランクル,V.E.［1993］『それでも人生にイエスと言う』（山田邦夫・松田美佳訳），春秋社．

6

sportsmanship
近代スポーツマンシップから「スポーツマンのこころ」へ

　前章で説明したイギリス近世の産業革命期以降に誕生し成長したと考えられる「近代スポーツマンシップ」をベースにしながらも，阿部の言葉を借りるならば「近代スポーツマンシップの脱構築」[阿部 2009：v]を目指して，日本における新たなスポーツマンシップ形成とその浸透・定着を目標にして構成されたのが「スポーツマンのこころ」である．ゆえに，「スポーツマンのこころ」の内容はその多くの部分が「近代スポーツマンシップ」の内容と対応させて説明することが可能であるが，ここではその詳細な検討は避け「スポーツマンのこころ」自体を明確に描き出すことを主たる目的とする．

　「スポーツマンのこころ」とは，「スポーツを楽しむため，そして，スポーツを通じて自分自身を成長させるための心構え」である．そして，スポーツを楽しみ，スポーツで成長するために必要となるものは，「スポーツ活動」を成立させるために必要不可欠となる事柄のそれぞれを尊重する（リスペクトrespectする）姿勢であり，具体的には以下に示す2つの条件と3つのこころについて理解することがそのスタートとなる．

◢ *1.* スポーツにおける「ゲーム」の本質の理解[1] ◣

「楽しむこと」と「勝ちにこだわること」の両立＝「楽しむことにこだわること」

　前章での説明の通り，スポーツは「非日常性」と「競争性」と「身体性」の3つの特長から説明することができる．この3つの特長のうちの「非日常性」と

「競争性」からゲームの理解に関わる特長を説明する.

「ゲーム」とは？　楽しくなければスポーツじゃない！

ゲーム（＝試合）はスポーツにおいてメインとなる活動である．即ち，スポーツを行う人は誰もがそれぞれの種目においてのゲーム（＝試合）という目的のために日々のトレーニングを実施している．では，スポーツの中核ともいえるゲームに対して，スポーツに関わろうとする人々はどのような理解をする必要があるのか？

まず，スポーツの「非日常性」という特長から導き出されるものとして，「ゲーム」がスポーツにおけるメインの活動であり「楽しさ」の体験を目的にしているものであるということを理解することである．つぎに「競争性」という特長から導き出されるものとして，「ゲーム」はスポーツにおいて「卓越性を競い合う」メインの場であることを理解することである．ここで重要なのは，「楽しむ」という大前提と「真剣に勝敗を争う＝とことん勝つことにこだわる」という行為が同時に追求されるのがゲームの場であるということである.

「楽しさ」≧「真剣さ」＋「勝利へのこだわり」

ゲームが真摯に勝利を追求する場であることには多言を要さないだろう．それは，ゲームとは遊戯として勝利を目指す形式に他ならないという理由と，いかなる理由があろうとも真剣さを欠くプレーは本人自身の充実感や達成感の質を低下させるであろうし，また，対戦する相手にとっても同様の状況を生じさせるという理由からである．しかし，ゲームの場においてはスポーツの特長の1つである「身体性」，つまり「厳しい」身体的負荷を伴うという理由と，その「楽しさ」が勝利という結果によって最高度に達するという理由から，勝利という結果を求める過程において様々な行為が惹起する可能性を秘めているのも事実である．それは，ゲームでの厳しい身体的負荷によって疲労が蓄積し，時間の経過とともにプレーの質が低下しうるということや，何としてでも勝利を求めようとするがゆえの「仲間への厳しい叱責」「相手への暴言」「悪質なファール」「審判への執拗なクレーム」などである．これらの行為はそれをされた相手に

とって「楽しさ」を損なうものであるのはもとより，同時に，その行為を行った本人自身の本質的な「楽しさ」をも傷つけているものであることを理解しなければならないのである．

▼2. スポーツにおける「ルール」の本質の理解 ◢

ルールの働きの理解

　ゲームにおいては「楽しさ」というものが大前提であることが確認されたが，ここではゲームをより深く理解するために，ゲームを成り立たせている「ルール」と「楽しさ」の関わりについての根本的理解を図りたい．そのために，まず，R.シュタイナーが社会のルールである法律について「社会生活の中で感情と感情がこすれ合い，そして互いに滑らかにされ」[シュタイナー 1989：153] て発達していくのが法律であり「人と人との感情の相互作用」の中からのみ法律は生まれる，としている点に着目すると，スポーツのルールも，参加者の目指す「楽しさ」という感情を基準として考えた場合には，参加者にとっての「楽しくない」という感情の排除がルール設定においては重要な基準となることが考えられる．また，守能は彼のスポーツルール自体を取り扱った著作 [守能 1984] の中において，ルールの持つ本質的な機能が「面白さの保障」であるということを明らかにしているが，このことも，R.シュタイナーの理解と同様に，スポーツのゲームという場においては「楽しさ」が優先されるべき感情であることを表している．ゆえに，あるルール設定の下で行われるゲームにおいて参加者の誰もが「楽しくない」「面白くない」という感情しか持たないのであれば，そのゲームは行うに値しないスポーツと考えられるのである．

　ではつぎに，以上の根本的なルール理解に基づきながらサッカーの競技規則（全17条）[日本サッカー協会編 2018] を1つの事例として検討することによって，ルールと「楽しさ」の関わりへの理解を深めたいと思う．

　サッカーの競技規則によれば，まず，サッカーという競技がどのような基本

設定の下で行われなければならないかが，第1条「競技のフィールド」，第2条「ボール」，第3条「競技者の数」，第4条「競技者の用具」，第7条「試合時間」に定められ，そして，ゲームを実施するためのプレーに関わる基本的事項については，第8条「プレーの開始および再開」，第9条「ボールインプレーおよびアウトオブプレー」，第10条「得点の方法」，第13条「フリーキック」，第14条「ペナルティキック」，第15条「スローイン」，第16条「ゴールキック」，第17条「コーナーキック」に定められ，さらに第11条「オフサイド」，第12条「ファウルと不正行為」にはゲーム中に行うことによって罰則が与えられる行為が定められ，これらのルールをフィールド上で施行する権限のすべてが第5条「主審」，第6条「副審」によって，プレーヤー以外の第三者に委ねられることが定められている．これらのルールと「楽しさ」との関わりをいくつかのルール内容の検討から考えてみると，例えば，第1条，第3条，第7条においてゴールの大きさは高さ2.44m（8フィート）幅7.32m（8ヤード）であり，1チームの人数はゴールキーパー1名を含む11名であり，試合時間は前半と後半ともに45分間行う事などが定められている．このルールに従えば，高さ20m幅30mのサイズのゴールや，1チーム30人での対戦や，前半と後半を120分間行うことはルール違反として認められていないことになる．

　つまり，ここにおいて定められているサッカーというゲームを行うに当たっての，ゴールの大きさや試合人数などのルール内容をゲームを「楽しむ」感情という視点から考えてみるならば，これらの基本設定は現在に至るまでのサッカーの歴史的変遷の中において「サッカーのゲームを最も楽しむことが可能である」と判断されたものになっていると考えられる．また，ゲーム中に行うことで罰則が与えられる行為として間接フリーキックに相当するもの（オフサイド，相手の進行を妨げる他）から，直接フリーキック（相手選手を押す，つまずかせる他）に相当するものまでが示されているが，これらの行為も現在に至るまでのサッカーの歴史的変遷の中において，その行為をゲーム中に行った場合にその行為をされた相手選手（チーム）の感情が害され，ゲームが「楽しくなくなる」

ことから設定されたのだと想像される.[3]

スポーツゲームにおけるルールの理解のまとめ

スポーツというゲームにおいてルールが果たしている役割は，ゲームという「楽しさ」を目的として真剣に勝利を目指す身体活動を行う非日常の時空間を，**創り出す**と同時に**守る**ということである.

注

1）スポーツとゲームの概念的な関係について［阿部 2009：5-7］.

2）正式には1チームの人数は11人以下という規則であり，7人以上で試合は成立する.

3）この観点を敷衍した時に，ゲームピッチ内からの退場を宣告するレッドカードの意味は「あなたは皆の楽しさを著しく壊しました．なので，もうこれ以上このゲームの中にいることはできません」というように解釈ができるだろう.

参考文献

阿部生雄［2009］『近代スポーツマンシップの誕生と成長』筑波大学出版会.

シュタイナー,R.［1989］『社会の未来』（高橋巌訳），イザラ書房.

日本サッカー協会編［2018］『サッカー競技規則2018/2019』日本サッカー協会.

守能信次［1984］『スポーツとルールの社会学』名古屋大学出版会.

7 *sportsmanship*
「スポーツマンのこころ」
──3つの心構えの理解──

「スポーツマンのこころ」の前提条件である正しいゲームへの理解とルールへの理解に基づいて，実際にゲームを行う際に必要となるのがスポーツマンの持つべき3つの心構えである．

▼ *1.* スポーツマンの持つべき心構え　その1
──「自分のため」を尊重するこころの捉え方──

まず，第1の心構えであり且つ第2，第3の心構えの重要な起点・原点ともなってくるのが**「自分のため」を尊重するこころ**である．

「自分」の捉え方から考える

まず，この心構えを理解するまえにスポーツを行おうとする主体者が「自分」という存在をどのように理解したらよいのか？　ということからスタートをしたい．

「自分」とは，哲学者R.デカルトの命題である「我思う，ゆえに我あり cogito,ergo sum」における「我」として「ある」ことが疑い得ないものである．そして，知覚・思考・意志・行為における主体である．ここではこれ以上の哲学的な深入りは避けるが，人間は「自分」という存在を通じることによってのみ，世界との関わりの中で何かを知覚し，思考し，意志し，行為することは誰にも疑い得ないであろう．つまり「自分のため」を尊重することに先立って「自分」自身をそのすべての行動の原点（ここにおいてはスポーツを行う主体）である

という意味において，即ち「自分」がいなければこの世の中において何事をもなし得ないのだ，という意味において尊重する必要性を理解するということである．また，この「自分」自身を尊重するということは「自尊感情（自己肯定感）self-esteem」にも繋がるものであり，心理学的には自尊感情の低さは心理学的な障がいの可能性を示唆するものとされている．そういった意味からも自分自身に対する理解として「自分」という存在を尊重すべき第1のものであると考える必要があるのである[1]．

「自分のため」を尊重するこころの捉え方

　上述のような「自分」の理解の上で，その自分自身「のため」ということを尊重するというのはどういうことであるかというと，根源的に尊重するべきである「自分」をより積極的に尊重する姿勢が「自分のため」を尊重するということである[2]．つまり，自分自身の持つ潜在的/顕在的価値をより高めていこうとする態度であり，これをスポーツシーンに置き換えて考えるならば，「自分」がスポーツをより楽しむということ「のため」に，自分自身のパフォーマンス能力を鍛え上げ，磨き上げるというこころなのである．

　では，「自分のため」に自分自身の持つ潜在的/顕在的価値をより高めていくためには，具体的には何をしなければならないのだろうか？　そのプロセスについて考えてみたい．

挑戦と挫折と克服

　まず，自分の持つ潜在的/顕在的価値を高めようとする場合には，そのために必要となる課題に挑戦する必要がある．しかし挑戦をするという選択は，そう簡単にできるものではない．それは，挑戦という言葉の辞書的な定義には「困難な物事や新しい記録に立ち向かうこと[3]」と書かれているように，挑戦するということ＝困難に立ち向かうということが含まれているからである．自分自身を磨く手段として挑戦を考える場合には，挑戦に伴ってかなりの確率で生じてくる可能性のある困難を想定するだけでなく，苦虫を噛み潰すような挫折を味

わうことも覚悟しなければならない．そして，挫折の度に立ち上がることと，最終的にはその困難を克服するということをも見通していなければならないのである．こうやって，困難を克服することによって，はじめて自分自身の潜在的/顕在的価値が鍛錬されていくのが，スポーツにおける成長の一般的図式なのである．[4]

【困難・挫折・克服】を実現するためのこころ

自分の持つ潜在的/顕在的価値を高めるために必要となる課題に挑戦して克服に至ることは，まさに「自分のため」になること，即ち自分を尊重することに繋がる．しかし，困難や挫折を乗り越えて克服していくことはそう簡単なことではない．それがたとえ「自分のため」であろうとも，困難や挫折の克服には高いレベルの精神的なタフネスとしての“忍耐”や“克己”が求められる．ゆえに，“忍耐”や“克己”が欠けてしまって，困難や挫折の克服に失敗してしまうということは，自分自身の成長をその時点で止めてしまうことである．そして，自分自身の成長を止めるということは自分自身の価値の向上を放棄することであり，結論として「自分のため」を尊重していないということになるのである．

よって「自分のため」に繋がる困難や挫折の克服に必要となるこころを，スポーツシーンにおいてどのような困難や挫折に遭遇しても，その克服を絶対に諦めないこころであるとする．

スポーツマンのこころ ①

スポーツマンの心構えの原点としての「自分のため」を尊重するこころとは，『どんな困難や挫折に遭遇してもその克服を絶対に諦めないこころ』であると定義する．

▼ *2.* スポーツマンの持つべき心構え　その2
——「仲間のため」を尊重するこころの捉え方——

つぎに，第2の心構えであり第1の心構えを原点としながら応用したものが，

第　7　章　「スポーツマンのこころ」　69

「仲間のため」を尊重するこころである.

「仲間のため」をどう捉えるか？

「スポーツマンのこころ」の原点としての第1の心構えでは，まずは誰にとっても「自分」というものが尊重すべき根本であるということを確認した．この原点から演繹的に考えるならば「自分A—仲間B」の関係は仲間Bの側から見れば，仲間Bが自分となり，自分Aが仲間になるという関係である．つまり，仲間には仲間が尊重している「自分」があるのであるからその仲間の「自分」は，自分が「自分」を尊重しているのと同じ理由で尊重すべき理由がある，という理解のしかたであり，これが「仲間」を尊重する必要性への最低限の基本的理解である．こういった理解の上で「仲間のため」に「自分のため」と同様の価値を認めるという態度であると捉える.

「仲間のため」を尊重するこころの捉え方

スポーツにおいて，この「仲間のため」を尊重するということをどう理解するかについて，仲間との関わりが明確に必要とされるチームスポーツのゲームシーンで考えてみたい．一般的にチームで行うゲームでは「チームワーク」というものが技術的・戦術的に，さらには精神的にも勝敗に大きな影響を与える重要な要素であるとされている．そして，優れたチームワークは，すべてのチームメンバーが「仲間のため」に最後まで全力を出し続けて闘う姿としてイメージされることが多い．このような状態をゲームで実現するために，チームメンバーは個人技術・戦術と個人的メンタルのトレーニングとともに，チームでの技術・戦術と集団的メンタル（士気，モラル…）のトレーニングを行うことになる．しかしながら，実はこのトレーニングの過程で培われたものが実際のゲーム場面では，チームパフォーマンスとして十分に活かしきれない状態が起こり得る．この状態を筆者は，スポーツチームにおけるチームワークの機能不全状態が，チームワーク形成のプロセスにおいて「集団の頽落のモメント」が働く

ことによって起こり得ると指摘している［髙橋 1986］.

集団の頽落のモメントとは？

　筆者がその論の中でチームワークの機能不全を引き起こす1つの原因であるとした「集団の頽落のモメント」とは，中井正一が自著であきらかにした「委員会の論理」［中井 1962：3-36］の中の「虚言の構造」によって説明される.

　「虚言の構造」とは，人間が労働力の消費的な再生産において「過程として歴史を構成」する存在であるがゆえに，個人的な利害を意識的にも無意識的にも優先させるという行為が起こり得て，その際には，自らの判断的是認である「確信」が，他者に向けての同意的是認である「主張」へ向かう過程で，その内容が歪んだ形で提案されてしまうという構造のことである. そしてこの構造が，これまでの我々の歴史過程において「最も緊急に人間が必要とする真理を埋もれしめ腐らしめ抹殺せしめた」［同書：27］と中井は述べている.

　筆者はこれをチームパフォーマンスの場面に適用して考え，個々の選手が個人的な身体的・精神的事情によって，チームにとってのベストのプレーができていない状態をスポーツチームにおける「虚言の構造」であるとし，その結果としてチームパフォーマンスが本来のそのチームの個々人の能力の総和（あるべき姿）以下になってしまっている状態を，スポーツチームが「頽落」した姿であると捉えた［髙橋 1986］. 本来であればチームワークの向上のために個々の選手が行うべきプレーや行動が，意識的であれ無意識的であれ行うことができていない理由は何であるのか？　無意識的なものとして考えられるものは「やるべきことを理解できていない（教わっていない）」というシンプルな理由が最も大きく，また，意識的なものとして考えられるのは，個人的な利害関係からの「（そのパスの選択がベストであるにも関わらず）あいつにはパスを出したくないから出さない」とか，フィットネス的な問題からの「もうクタクタで，（カバーリングしなければならない場面だけれど）カバーリングできない」とか，メンタル上の問題で「チームに必要な声を（出すべきだけど）出せない」などが挙げられる.

「仲間のため」への止揚

　この集団の頽落のモメントである「虚言の構造」における利己的な人間の行動は，スポーツチームにおいてはどのように止揚することが可能なのだろうか？　「スポーツマンのこころ①」で確認したように，人間にとって1番最初に尊重すべき存在が「自分」であるのならば「他者」である「仲間」は必然的に2番目以降の尊重すべき存在に位置づけられると蓋然的に判断できる．この原理的には2番目以降となる「仲間のため」をどのように「自分のため」にまで止揚することができるのか？

情けは人のためならず

　チームスポーツの場においての個々人は，まずは「自分のため」に自分自身がより高い目標に向って，決して諦めずに取り組むということは既に述べた通りである．しかし，その過程において自分自身のプレーが「虚言の構造」のメカニズムによって，チームに貢献し得ない状況に陥ることを打開するために，どのような心構えを持つ必要があるのか？

　そのために必要となる理解は，チームスポーツにおいては，チームパフォーマンスの成果はチームメンバー個々人の楽しさに直結するものであるということである．つまり，たとえどんなに自分自身が辛く苦しい状況であり，その状況下で仲間を助ける行為が，さらに自分の辛さや苦しさを増すだろうと考えられる時でも，「仲間のため」にプレーを行うことは結果的にチームパフォーマンスの向上に結びつくことは間違いなく，そして，そのチームパフォーマンスの向上は自分自身の「楽しさ」にほかならないということなのである．言葉を変えれば，「仲間のため」(＝チームのため)の自己犠牲は，最終的には「自分のため」として廻ってくるものだということである．

　「虚言の構造」の止揚という点から再度の説明をすれば，チームというものが「自分」と「仲間」によってのみ形作られるものである以上，チームの利害と「自分」の利害は不可分なものであり，ゆえに，不可分の一体的存在であるチームにおいて「虚言の構造」で示されたようなチームパフォーマンスにとってマイ

ナスの影響を引き起こす虚言的行動は，即座に自分自身の不利益となって戻ってくる．つまり，チームにおいては「仲間のため」が即「自分のため」なのだ，と理解して行動することによってこの問題は止揚される[5]．

よって，「仲間のため」に繋がるこころを，「自分のため」と「仲間のため」を止揚する自己犠牲として捉え，自己の困難の中においても仲間を助けることができるこころであるとする．

スポーツマンのこころ ②

スポーツマンの心構えの応用としての「仲間のため」を尊重するこころとは，『自己の困難の中においても仲間を助けることができるこころ』であると定義する．

3. スポーツマンの持つべき心構え　その3
―「ゲームのため」を尊重するこころの捉え方―

最後に，第3の心構えであり，第1=原点⇒第2=応用の流れからさらに数多くの要素との関わりが必要となってくる総合的なものが「**ゲームのため**」**を尊重するこころ**である．

スポーツにおいてはゲームがメインとなる活動（=最も楽しい活動）であることは既に述べた通りであるが，では，そのメインの活動であるゲームを成立させるためには何が必要となるであろうか？

それを順次挙げていくと，まずは，

① ゲームにおける「楽しく激しい競争」を成立させるとともに，それを守っている**ルール**
② ゲームに参加する**自分**
③ ゲームにおいて同じ目的の下で協働する**仲間**

この3つがこれまでの説明の中から挙げられるものである．

そして，ここに

④ ゲームという形式上，絶対に不可欠となる**相手**

⑤ ゲームの実行をスムーズにするために判定を委ねる第三者としての**審判**

の2つを加えた，ルール，自分，仲間，相手，審判の5つがそれぞれ，スポーツに参加する人々が一番の目的としているゲームを行うためには必要不可欠となるのである．

つまり，この5つのどれが欠けてもスポーツにおいて自分が一番の目的としている「楽しく激しい競争」（=ゲーム）は成立しえないのだ，という理解の下にこれら5つへの尊重がなされる必要が生じるのである．

ゲームの闘争的側面への理解

上に述べたように，ルール，自分，仲間，相手，審判の5つはゲームを実施するための大前提である．しかしながら，ゲームにおいては「楽しさ」≧「真剣さ」＋「勝利へのこだわり」という図式がなりたち，この図式における「楽しさのために真剣に勝利を目指す」というプロセスには，チームパフォーマンスにとっての虚言的行動の好餌となりうる様々な肉体的困苦，精神的困苦，感情的興奮などが多々含まれており，これら5つを尊重できなくなる思考や感情が惹起しうるのである．

以下に惹起しうる思考や感情を具体的に示すと，

ルールを尊重しない行為
・自分達を有利にしたいがために意識的にルール違反を行う
自分を尊重しない行為
・ゲーム中の劣勢の状況において諦めの気持ちが湧いてくる
仲間を尊重しない行為
・勝利へのこだわりからチームメートのミスに対して感情的になる
相手を尊重しない行為

・対戦相手を勝利を妨げるだけの邪魔者とみなし，喧嘩の相手のごとく感
　じたり考えたりする

　審判を尊重しない行為

・自分達に不利に働くジャッジミスが生じた時に，疑念を抱く，不服を感
　じる，怒りを持つ.

というようなものが考えられる.

　しかしながら，ゲームを行う中においてこのような思考や感情が生じること
自体は，スポーツのゲームにおいては，ゲームが真剣に勝敗を争う形式である
ということを鑑みるならば，頭から否定されるべき事柄ではない.「ゲームの
ため」を尊重するために必要となるのは，上に例を挙げたようなゲーム中に生
じ得る「卑怯な」,「ネガティブな」,「野蛮な」,「不遜な」思考や感情の悪影響
をゲームを構成するすべての人々に与えてはいけない，ということなのである.
つまり，もしこのような思考や感情がその態度を通して仲間や相手や審判に伝
わってしまった場合や，さらには，このような思考や感情に起因する何らかの
行動（暴言，異議……）を仲間や相手や審判に対して起こしてしまった場合には,
間違いなくゲームの場の雰囲気に悪影響が与えられ「皆の楽しさが壊される」
という事態が引き起こされる，ということなのである.

　ゲームとはスポーツにおけるメインの活動であり，そこではすべての参加者
が「楽しさ」の体験を求めているはずである．ゆえに，その場における「皆の
楽しさを壊す行為」というのは，誰であろうとも許されるものではないのであ
る[6]．スポーツのゲームの構成に関わる人々は，ゲーム中に様々な理由によっ
て感情がかき乱され，荒らされることがあり得る．しかし，それを態度として
表に出してしまうのは許されないことなのだと心得，そういった感情をコント
ロールしようとする自己抑制への努力がゲームにおいては求められるのである
し，実は，そういった感情を抑制できない場合には結果的に自分のパフォーマ
ンスも乱れる可能性が高いために，自分自身の楽しさの質も低下し，連鎖的に

チームパフォーマンスとしての仲間の楽しさの質も低下することになるのである.

つまり,「ゲームのため」を尊重する行為の中には,自ずと「自分のため」と「仲間のため」が含まれているということであり,言い換えるならば「自分のため」の実現には「仲間のため」と「ゲームのため」の2つの契機がともに止揚される必要があるということなのである.

よって「ゲームのため」に繋がるこころを,「自分」の「楽しさのため」には自分以外のゲームを構成するすべて（仲間,相手,審判）の「楽しさ」の実現を自己抑制をもって達成しようとする,皆のゲームと楽しさを壊さないこころであるとする.

スポーツマンのこころ ③

スポーツマンの心構えの総合力としての「ゲームのため」を尊重するこころとは,『皆のゲームと楽しさを壊さないこころ』であると定義する.

注

1) 念のための付言だが, ここにおける「自分の尊重」は“自分さえよければいい”という利己的・自己中心的な意味のものではなく,この後の説明にある「仲間のため」や「ゲームのため」と共に尊重すべきものである.

2) V.E.フランクルはその著『生きる意味を求めて』[1999] の中で非行少年・少女の行動予測が自己理解の程度に関する指標と高い相関があることに触れ, 自己理解の能力の基礎として自分自身を突き放して観る力である「自己離脱」（自己客観化能力）という概念を示している. この自己離脱の能力が自己の尊重, つまり「自分のため」に気づくためのキー概念であると考えられる.

3)『大辞泉』小学館, 2018年.

4) G.ヘーゲルの弁証法である「事物の螺旋的発展の法則」で考えるならば, 今の自分（正）・現状⇒できない自分＝下手くそな自分（反）・困難と挫折⇒できるようになった自分（合）・克服という正・反・合のプロセスが, 時にはあまり進んでいない様に見えるフェイズを

含みながら，まさに螺旋的に進んでいくのが鍛錬のプロセスである．

5）ここにおいてはチームスポーツにおけるチームワークというものを典型例として扱っ
たため，個人競技における「仲間のため」については検討を加えていない．しかし，個
人競技である陸上競技でも，練習の場面においてお互いをサポートし合って，高め合っ
ていくチームワークが，最終的なパフォーマンス向上（＝「自分のため」）に繋がるの
であるという陸上競技関係者からの意見がある．

6）付言するならば，この意味においては審判を担当する人であっても自分の不適切な
ジャッジがゲームの楽しさを壊し得るのだ，ということをしっかりと認識していなけれ
ばならないのである．

参考文献

髙橋正紀［1986］「チームの論理の哲学的考察」国際スポーツ哲学会日本大会発表プロシー
ティングス．

中井正一［1962］『美と集団の論理』中央公論社．

フランクル,V.E.［1999］『生きる意味を求めて』(諸富祥彦監訳)，春秋社．

8 *sportsmanship*
「スポーツマンのこころ」の達成のための付帯条件

　スポーツのゲームにおいて最も大きな精神的変動が生じるのがゲームでの勝敗や成功・失敗の場面である．実は，この勝敗や成功・失敗をどのように捉え，どのような心構えをもつのかということも「スポーツを楽しむため，そして，スポーツを通じて自分自身を成長させるため」には不可欠になるのである．

「失敗」をどう捉えるか？

　まず，ゲームにおいて最も精神的に大きなダメージを被るのは所謂「失敗」と呼ばれるような事態が生じた場合である．そこで「失敗」に対する最低限の基本的理解として，以下のようなゲーム理解が必要になる．それは，ゲームにおいては，それが相手との間で真剣に勝敗を争う形式である以上は，ゲームに参加する誰もが最大限の努力を傾注して成功を試みたとしても，「相手」は同時に最大限の努力を傾注してその成功を阻止しようと試みる．そして，そこにはプレー上におけるミスという「失敗」が避ける事のできないものとして生じることが考えられるし，また，勝敗ということに関しては負けに終わるという「失敗」が必ずどちらか一方のチームに与えられることになるのである．このような理解が最低限のものである．

　では，このような理解の上で実際に「失敗」が生じた時にどのような考え方をすることが必要になるのか？

「悔しい!」けど「恥」ではない．

　ゲームにおいて最大限の努力を尽くしたのにも関わらず「失敗」という結果に遭遇した場合，その参加者は精神的に大きなダメージを受けることが考えら

れる．その様な場合に，「失敗」が生じた事実をどのように捉えるかには，いくつかの可能性が考えられるが，ここでは「恥ずかしさ」と「悔しさ」という2つの角度から「失敗」への反応を考えてみたい．まず，もしゲームにおける「失敗」のダメージを「恥」という感覚で捉えてしまうと一体どうなるのであろうか？　「恥」とはその辞書的定義の中に「それによって名誉や面目が損なわれる行為・事柄[1]」と記されている事からもわかるように，「名誉」という人格的価値の否定的評価に繋がる感覚なのである．つまり，「恥」とは誰にとっても強く忌避されるべきものと考えられるのである．しかし，実は日本人は「失敗」を恥辱や，極端な場合には侮辱とまで感じる傾向がある，ということがルース・ベネディクトによる日本人論である『菊と刀』の中に示されているのである[2]．それゆえ，ベネディクトの分析によれば「日本人は従来，常になにかしら巧妙な方法を工夫して，極力直接的競争を避ける」［ベネディクト 2005：191］ようにすることで「失敗が恥辱を招くような機会」［同書：194］をできる限り遠ざけようとしてきたという．どうやら，我々日本人にとって「失敗」とは「恥」という感覚に直結してしまうもののようである．しかし，そうなってしまうとかなりの確率で「失敗」が生じる可能性が高いゲームという形式においては，大きな精神的ダメージを受ける機会が頻繁に生じてしまうことから，本来のゲームの目的である「楽しさ」の体験から遠ざかってしまいうるとともに「恥」をかきたくはないがゆえに，かなりのストレスとともに「勝つことしか許されない」「負けることができない」という心情に至り，最悪の場合には「勝てば官軍」とばかりに，皆のゲームや楽しさを壊す「恥知らず[3]」な行為に至ってしまう可能性までもが出てくるのである．

　では，どうすればよいのか？「失敗」のダメージに対してどのような受け止め方をすれば良いのか？　そのためには「失敗」の精神的なダメージを「悔しい」という感覚で捉える習慣を持つことが有効であると考えられる．

悔しさをバネに！「臥薪嘗胆」！

　ベネディクトは，日本人が他者との競争に敗れたことによって感じる「恥」

は「発奮の強い刺激になる場合もあるが，多くの場合は危険な意気消沈を引き起こす原因となる」［同書：189］と述べ，その証左の1つとして，日本人に行わせた心理テストの結果から，日本人は他人との競争状態に置かれた測定では「負けるかもしれないという危険にすっかり心を奪われ」［同書：190］ることで作業が滞る，即ち「失敗した場合の恥辱の予想によって」そのパフォーマンスを低下させることを挙げている．ゆえに，特に日本人にとっての「恥」の感覚は「失敗」のダメージの解消に向けての新たなモメントとしては諸刃の剣の要素，それも往々にして悪い方向に進む可能性を持つため，不適切であることが理解できる．

　しかし，ベネディクトの分析の中には，日本人が「彼らは彼らの進歩を，彼ら自身の成績と比較しつつ測定する時に，最も良好な成績を上げた」［同書：190］と示されている事から，日本人が他者との関係を意識しない自己自身との競争という環境においては，十分に「失敗」のダメージの解消に向けての進歩・改善への可能性を持つことが確認できる．ゆえに，「失敗」という事態に対する時に「他人に負けた」とか「他者より劣った」という部分に焦点を当てて，それを「恥」という感覚で受け止めるのではなく，「自分の力が至らずに実現できなかった」という部分に焦点を当てて，それを「悔しさ」という感覚として受け止めることで，その「至らなかった点」を自分自身の成長のための改善課題に繋げる習慣を形成することが，スポーツというゲームを楽しむためにも，スポーツを通じて成長するためにも不可欠になってくるであろう．

「失敗から学ぶ」とは？

　ゲームにおいては誰もが成功へ向けて最大限の努力をする，というのは既に述べた通りであるが，その結果として生じる「失敗」（負けやミス）はどう解釈することで，より有効に自身の成長のために生かしていく事ができるのか？それを具体的なゲーム状況の検討から考えてみたい．もし，対戦相手の実力が自分たちよりもすべての面においてことごとく下回っている状況を想定すると，自分たちの行うプレーはほとんどミスをすることなく成功し，勝利と言う結果

にも結び付き，そこには「失敗」の生じる余地はほとんどない．しかし，対戦相手の実力が自分達と同等かやや上回っている状況では，自分たちの行うプレーの半ばは成功し，半ばはミスとなり，ゲームの勝敗についても幾度かは勝利を収め，幾度かは負けるという結果になるであろう．この2つのケースを「改善への課題」という視点で見た場合はどうなるであろうか？　最初のケースにおいては，相手の実力がことごとく自分たちより下回っているために，ほとんど「失敗」は生じない．すべて自分たちが身につけた通りの力が発揮される．これはこれでゲームを「楽しむ」ためには大切なことであるが「失敗をしない」という事実の中には，実は「未だ限界点に達していない」という可能性が含まれているのである．ということは，これを「改善への課題」という視点で見た場合には，そこでは改善すべきポイントをほとんど見つけ出すことができない，ということになるのである．一方，つぎのケースでは相手の実力と自分たちの実力が拮抗していることにより，そこに様々な「失敗」が生じる．ゲームにおいては誰もが成功を目指して最大限の努力を行っており，決して「失敗」をのぞんではいないのだとすれば，この「失敗」は現時点における自分自身の1つの限界点を示すものである．そして「失敗」によって示されたこの限界点こそが自分や自チームが次に挑戦し乗り越えていくべき課題になると考えられるのである．つまり，「失敗」こそが「改善への課題」という自らが次のステップに進むための止揚の契機を生み出すのであり，「失敗」がない場合には止揚の契機を得られないということにもなりえるのである．

　「失敗」は基本的には誰にとっても望まれるものではない．しかしながら，勝利を決する形式であるゲームには負けやミスなどの「失敗」は不可避である．であるならば，その「失敗」に自分自身のより高いレベルにおける「楽しみ」の可能性実現への契機を見出すことが，「失敗」のより積極的な捉え方になるといえるのである．

スポーツマンにとっての「恥」とはなにか？

　ここまでに，スポーツにおける「失敗」を「恥」ではなく「悔しさ」で捉え

るとともに，その「失敗」の中に学びを見つけることがスポーツマンのこころ
の実現にとっては重要な付帯条件であることを説明した．しかし，だからといっ
て，スポーツシーンにおいては「恥」と呼べるような状況が存在しないわけで
はない．これに関しては，スポーツマンの持つべき3つの心構えから考えると
捉えやすい．つまり，スポーツマンとして「恥」といえるような行為としては，「自
分のため」を尊重することができなかった(ex.困難に直面した時に「諦めて」しまった)
時や，「仲間のため」を尊重することができなかった（ex.試合中に仲間を見捨てた，
仲間に罵声を浴びせた）時，そして，「ゲームのため」を尊重することができなかっ
た（ex.ゲームの楽しさを壊すような行為をしてしまった）時などが「恥ずかしい行為」
として考えることができるだろう．

注

1）『大辞泉』，2018年.

2）ルース・ベネディクト『菊と刀』（長谷川松治訳）(*The Chrysanthemum and the*
Sword: Patterns of Japanese Culture, Houghton Mifflin Harcourt,1946)．邦訳初版は
1948年．本章では『定訳 菊と刀』社会思想社,1972年を底本として出版された『菊と
刀 日本文化の型』講談社〔講談社学術文庫〕，2005年を使用．この著作は，太平洋戦
争時にアメリカ政府の戦時情報局が敵国である日本を知るための研究報告をベネディク
トに委託した時の報告書であり，その分析の的確さは非常に高い評価を得ている．また，
「恥」に関する内容については第八章「汚名をすすぐ」179-216頁に詳しく書かれている．

3）この点についてベネディクトは試合に負けた日本のボートの学生チームが試合後に
悲嘆にくれる姿や，野球の試合に負けたチームがひとかたまりになって，おいおい声を
あげて泣いている様子を「bad losers」と捉え「どんなに負けることがいやだとしても，
負けたからといって泣いたり喚いたりするような人間を我々（欧米人）は軽蔑する」と
評している［ベネディクト 2005：190-191］.

参考文献

ベネディクト, R.［2005］『菊と刀 日本文化の型』（長谷川松治訳），講談社〔講談社学術文庫〕．

9

sportsmanship

「スポーツマンのこころ」の可能性について

「スポーツ」に対する理解の歪みを修正し,「スポーツマンのこころ」という心構えを持つことが体育・スポーツが実践されている現場において,どのような役割を果たすことができるのであろうか? ここでは,スポーツ精神医学の領域において明らかとなった「スポーツマンのこころ」の講義が精神面に与える影響についての研究の成果を示すことによって,この講義の可能性が現在どのように評価できるのかについて明らかにする.

▼ 1. 「スポーツマンのこころ」の理解＋スポーツ実践の効果の医学的研究[1]

この研究においては,スポーツを真剣に勝敗を求めるゲームをその中核に持つものとして捉える立場を取った上で,スポーツプログラムの開始前に「スポーツマンのこころ」の講義を理解した参加者がスポーツ実践を行った場合に,精神面にどのような影響が与えられるのかについて,生きがい感(PILテスト: part-A;以後PIL-A)と自尊感情(Rosenberg自尊感情テスト日本版;以後RSES-J)の2つの側面から調査を行った.

調査対象と方法
対象者
この研究では,2011年4月から7月の間に筆者がスポーツ指導を担当した3つのスポーツ講座の参加者122名(女性31名男性91名,18〜61歳,平均年齢24.80歳 ±

11.01）を対象に調査を実施した．3つのスポーツ講座および各講座の参加者等の詳細は，K精神障がい者通所作業所が開催した「ボール運動エンジョイ教室」（2011年4月15日〜7月22日）参加者17名（女性5名男性12名，24〜61歳，平均年齢45.8±10.40歳　統合失調症15名双極性障害2名）：以後A群，O医師会看護学校　必修科目「体育実技」（2011年5月27日〜7月22日）受講生32名（女性17名男性15名，19〜43歳，平均年齢28.5±7.66歳）：以後B群，G大学　選択体育実技科目　「スモールサイディッドサッカー」（2011年4月11日〜7月25日）受講生73名（女性9名男性64名，18〜22歳，平均年齢18.2±0.67歳）以後C群である．

方　法

調査実施手順

【初回】

調査についての説明および同意書の依頼，同意書の提出

　PIL-AおよびRSES-Jを実施

　「スポーツマンのこころ」の講義（60分）を受講し，講義の感想文を提出

【第2回】〜ゲームを中心とした90分間のスポーツ実技を実施（10回程度）

　各回授業の開始前には「スポーツマンのこころ」の講義の内容から要素を取り出し確認

　実技スポーツ種目については，A群・B群は「バルシューレ」を実施

C群は「スモールサイディッドサッカー」を実施

【最終回】　実技はなし．まとめおよびPIL-A，RSES-Jおよび「スポーツマンのこころ」の講義の影響に関するアンケート調査を実施

「スポーツマンのこころ」の講義（60分）について

　この講義をスポーツ実践前に講座参加者に伝える目的は，参加者のスポーツに対する理解と心構えの歪みを修正することである．筆者は，自身のこれまでの体育・スポーツ指導の現場において，スポーツに対する理解と心構えの歪みを原因として，例えば「スポーツでは勝つことのみに価値がある」，「負けには意味がない」，「負けることは恥である」といった勝利至上主義的考え方，「上

手でなければスポーツは楽しめない」,「勝利に貢献できないプレーヤーの価値は低い」,「下手な子は試合に出なくてよい」という少数精鋭主義的考え方,「対戦相手は勝利を妨げる存在だから敵である」,「スポーツは半ば喧嘩である」という考え方,またそういった考え方が一般化していることを引き金として「スポーツは野蛮だから嫌い」,「体育の授業は適当にやればよい」といった考え方までもが生じているのを多数経験してきた.

　「スポーツマンのこころ」の講義を行うことによって,こういった現象の原因となっているスポーツへの根源的理解を修正し,正しい心構えを持つことによって,参加者が講座で行われるスポーツ実践の際に陥る可能性のある様々な精神心理的葛藤へ対応する準備をさせ,その結果として「勝利を志向して・真剣に・仲間や相手と・ルールを遵守して・楽しく」ゲームを行えるようにするのである.

　この講義での伝達内容の概略は,以下の通りであり,これらの内容のそれぞれがスポーツに対する参加者の理解と心構えの不完全な部分を補うとともにそこに存在する歪みを修正するのである.

- スポーツの中核であるゲームは競技性を持つ「遊び」を「楽しむ」ためにルールによって意図的に構成された非日常の時空間で行われるのであるから,そこに「参加する」ということは「ゲームを楽しむ」というその時空間における参加者同士の共通目的を受け入れることであること.
- スポーツにおけるそれぞれの「ルール」は,ゲームを楽しむための時空間を創り出すと共に守っているものなので,その遵守は楽しむための大前提であること.
- ゲームの楽しさの質は「真剣さ」と「勝つことへのこだわり」によってより向上するものであり,「真剣でないこと」「勝ちにこだわらないこと」は本人の楽しさの質を低下させるのみならず,ゲームに関わる他の人(仲間・相手)の楽しさにも悪影響を与えること.

・ゲームの楽しさの質を維持するには「諦めない事」「仲間と助け合うこと」「対戦相手への尊重を忘れない事」「審判の判定を受け入れる事」が必要になること.

・スポーツでは，勝利にこだわって真剣にプレーする中で，自分・仲間・相手・審判に対しての負の感情（諦め，苛立ち，怒り，不信etc.）が惹起する可能性があるが，それらの感情を言葉や態度で表現して「皆と共に真剣に楽しむ場」を壊す権利は誰1人として持っていないこと.

・「遊び」として「勝敗を決する形式」であるゲームで真剣に勝敗を争うプロセスで生じる失敗や，全力を尽くした結果としての負けは，「恥」という感覚で捉えられるべきものではなく，「悔しさ」として捉えるべきものであること.

・スポーツ先進国ではゲームに負けた後に，対戦相手に握手を求めてその勝利を讃えることが礼儀であり，その行為者をGoodloserと呼んでいること.

・これらの「理解」や「心構え」に則って行動することが，結果的に自分の楽しさを最大化するための必須条件になり，それは即ち自分自身に対する尊重（リスペクト）とイコールになるということ.

などである.

　V.E.フランクルは，困難の中に意味を見出そうとする行為を「苦悩」の中に自らが進んで意味を見出す「態度価値」として説明した[フランクル 1999]．それは，人間が人生の中で出会う「苦悩」は，それがたとえ果てしない徒労である「シーシュポスの岩」であろうとも，そこに自分にとっての「意味」を見つけられるならば，人間はその「苦悩」に耐えることが可能になり，人生における価値を実現できるというものである．そして，フランクルはスポーツ選手のスポーツへの取り組みを「困難によって成長するために困難を造りだす」行為であるとし，それは人間以外の動物には決して成し得ないことであるということから，そう

いった行為をもたらす精神を「ほんとうに人間らしい精神」だと認めている〔フランクル 1993〕.

「スポーツマンのこころ」の講義には，競技性を持つゲームを中心としたスポーツ実践の中で生じる身体的負荷や精神的負荷などの「苦悩」は,自らが「楽しむ」ために自発的に参加した非日常の空間での出来事であるということを明確に認識するための内容を多く含んでおり，そういった事実を客観的に理解することによって，ゲームの中に生じてくる様々な「苦悩」への対処が可能になるのである.

生きがい感と自尊感情の調査および講義の影響についてのアンケート

生きがい感の測定は，実存的心理療法であるロゴセラピーを開発したV.E.フランクルの考え方を元にCrumbaugh and Maholickが作成したPIL（Purpose In Life）test〔Crumbaugh and Maholic 1969〕の日本版〔PIL研究所編 1998〕に含まれるPart-A,B,Cのうちの，個人がどの程度人生の意味,目的を経験しているかを問う評定尺度20項目からなる質問紙法調査であるPart-Aを使用し，自尊感情の測定は，自尊感情を測定する際に最も多く用いられている10項目からなる質問紙調査法であるRosenberg 自尊感情尺度（Rosenberg Self Esteem Scale；RSES）〔Rosenberg 1965〕の日本版であるMimura and Griffithsの作成したRSES-J〔Mimura and Griffiths 2007〕を使用した.

講義の影響についてのアンケートでは,「今回の授業（教室）では第1回に「スポーツマンのこころ」の講義を学習した上で実技実践を開始したが，それが実技実践へ参加するあなた自身のプレーや行動に何らかの影響を与えたか？」という質問を設定し,｛① 非常に影響があった・② 影響があった・③ 多少影響があった・④ 影響はなかった｝の中から1つを選択するとともにその選択をした理由の説明を記述させた.

実施スポーツ種目および内容

「バルシューレ」（A群，B群の実施種目）

ドイツのハイデルベルク大学スポーツ科学研究所のロート教授が1999年に開

発した小学校低学年以下を対象とした「ゲーム」を中心としたボール運動体系
である．バルシューレには，スポーツ科学の運動学領域のコーディネーション
理論に基づく各種のボールスキルメニューと，それらのボールスキルをベース
とした40種類を超えるボールゲームメニューが含まれている．ボールゲームメ
ニューのそれぞれはルール設定によって，ゲームに参加するすべてのメンバー
が関われるような工夫が施されている．実技展開の初回から2～3種目のゲーム
を行い，人気のあったゲームについては参加者の希望によって繰り返し実施
することもあった．

「スモールサイディッドサッカー」(C群の実施種目)

　横20m×縦40m程度のスモールサイズのコートでスモールゴールを使用して，
1チーム3～5人程度の少人数で行うサッカーのゲームである．人数が少ないた
め，全員がプレーに関与する必要が生じるだけでなく，参加者間のプレーでの
関わりの量を増やすために「全員攻撃・全員守備ルール」「シュートはワンタッ
チシュートのみルール」を採り入れ，また，男女混成で行う場合は，女子が積
極的にゲームに参加できるルール上の工夫を施した．毎時間15分1本の試合を
対戦相手を変えて3試合実施した．

「スポーツマンのこころ」の講義内容の実現を意図した実技展開のポイント (す
べての群に共通)

- ・各講座において，毎回輪番で異なるキャプテンをチーム数に応じて選出
  し，リーダーとしての一定の役割を与えた．チーム分けについては個人
  選手カードを利用して毎回メンバー構成が異なるようにした．
- ・各ゲームでの勝・負・分の獲得ポイントを毎回各自の個人選手カードに
  記録し，ゲームへ向けたモティベーション向上を図った．
- ・試合開始前の整列時には，各チームのプレーヤー同士全員が全員と握手
  を交わし，試合終了後には，お互いの健闘を讃える意味で拍手をし合った．
- ・バルシューレにおけるゲームの指導理論である潜在的学習 (implizites

Lernen)〔木村 2007:18-24〕の考え方に基づいて，ひたすらプレーに熱中させるような働きかけを，バルシューレとスモールサイディッドサッカーの両講座において行った.

調査結果

アンケート結果（表9-1）

「スポーツマンのこころ」の講義の理解が自分の実技実施態度に影響があったかというアンケートに対して，「非常に影響があった」「影響があった」と答えた者の合計は104人（n=122）であった.「非常に影響があった」と答えた者の割合が最も高かったのはB群であった. また，すべてのグループにおいて「影響がなかった」と答えた者はいなかった.

このアンケートでは，記述式の部分で影響の内容の説明も求めたが，そこでの記述内容の多くが，スポーツへの理解が変容したことにより「スポーツにより真剣に取り組め，より楽しめた」ということを記述していた.

表9-1 講座後の実技前講義の影響に関するアンケート結果

	影響大	影響有	影響小	影響無
全体（n=122）	54人（44%）	50人（41%）	18人（15%）	0人（0%）
群別 A群（n=17）	4人（24%）	7人（41%）	6人（35%）	0人（0%）
B群（n=32）	21人（66%）	8人（25%）	3人（9%）	0人（0%）
C群（n=73）	29人（40%）	35人（48%）	9人（12%）	0人（0%）

PIL-A得点（合計点）の結果（表9-2）

講座開始前と講座終了後のPIL-A得点の変化は，全体で講座前⇒講座終了後で増加し，t検定によって有意差が認められた（$p<0.001$）. グループ別のPIL-A得点の変化は，A群，B群，C群のすべてのグループにおいて講座前⇒講座終

了後で増加し，t検定によって有意差が認められた（A群:p<0.01，B群:p<0.001，C群:p<0.01）．

表9-2　講座前後のPIL得点(標準偏差)のt検定

	講座前	講座後	p値
全体（n＝122）	94.81（17.71）	101.89（14.77）	<0.001
群別 　A群（n＝17）	80.06（27.05）	98.41（16.74）	<0.01
B群（n＝32）	99.66（17.11）	109.97（13.16）	<0.001
C群（n＝73）	96.14（13.24）	99.16（13.80）	<0.01

RSER-J得点（合計点）の結果（表9-3）

　講座開始前と講座終了後の講座開始前と講座終了後のRSES-J得点の変化は，全体で講座前⇒講座終了後で増加し，t検定によって有意差が認められた（p<0.001）．グループ別のRSES-J得点の変化では，A群，B群において講座前⇒講座終了後で増加し，t検定によって有意差が認められたが，C群では講座前⇒講座終了後でその増加に有意差が認められなかった（A群：p<0.05，B群：p<0.001）

表9-3　講座前後の自尊感情得点(標準偏差)のt検定

	講座前	講座後	p値
全体（n＝122）	25.19（3.60）	26.16（3.54）	<0.001
群別 　A群（n＝17）	23.88（4.58）	25.24（4.16）	<0.05
B群（n＝32）	24.25（3.32）	26.06（3.81）	<0.001
C群（n＝73）	25.92（3.33）	26.42（3.27）	n.s

講義の影響の程度別のPIL-A得点（合計点）およびRSER-J得点（合計点）の結果（表9-4, 表9-5）

実技前の講義が実技実施に与えた影響への質問に「影響がなかった」と答えた者がいなかったため，「非常に影響があった」＝影響大，「影響があった」＝影響有，「多少影響があった」＝影響小の3グループに分け，それぞれのグループにおける講座開始前と講座終了後のPIL-A得点およびRSES-J得点の変化をみたところ，PIL-A得点，RSER-J得点ともにすべてのグループにおいて増加したが，t検定によって有意差が認められたのはPIL-A得点においては影響大（p<0.001）および影響有（p<0.01）のグループ，RSER-J得点においては影響大（p<0.001）のグループであり，PIL-A得点における影響小のグループとRSER-J得点における影響有と影響小のグループではその増加に有意差が認められなかった．

表9-4　講座前後のPIL得点(標準偏差)**のt検定**(講義の影響程度別)

	講座前	講座後	p値
全体（n=122）	94.81（17.71）	101.89（14.77）	<0.001
影響別 影響大（n=54）	100.59（13.78）	106.87（13.16）	<0.001
影響有（n=50）	91.36（18.05）	99.06（13.06）	<0.01
影響小（n=18）	87.11（22.32）	94.83（19.12）	n.s

表9-5　講座前後の自尊感情得点(標準偏差)**のt検定**(講義の影響程度別)

	講座前	講座後	p値
全体（n=122）	25.19（3.60）	26.16（3.54）	<0.001
影響別 影響大（n=54）	25.20（3.67）	26.59（3.67）	<0.001
影響有（n=50）	25.12（3.54）	25.82（3.24）	n.s
影響小（n=18）	25.38（3.75）	25.83（3.98）	n.s

性差とPIL-A得点（合計点）およびRSER-J得点（合計点）の結果（表9-6，表9-7）

男女別での講座開始前と講座終了後のPIL-A得点およびRSES-J得点の変化をみたところ，男女共にPIL-A得点，RSER-J得点が増加し，t検定によって有意差が認められた（PIL-A：女性p<0.05，男性p<0.001，RSER-J：女性p<0.01，男性p<0.01）．

表9-6　講座前後のPIL得点（標準偏差）のt検定（性差）

	講座前	講座後	p値
全体（n＝122）	94.81（17.71）	101.89（14.77）	<0.001
性別 女性（n＝31）	97.09（20.04）	104.58（15.78）	<0.05
男性（n＝91）	94.04（16.90）	100.97（14.38）	<0.001

表9-7　講座前後の自尊感情得点（標準偏差）のt検定（性差）

	講座前	講座後	p値
全体（n＝122）	25.19（3.60）	26.16（3.54）	<0.001
性別 女性（n＝31）	24　（3.43）	25.51（3.72）	<0.01
男性（n＝91）	25.60（3.58）	26.38（3.47）	<0.01

考　察

本研究では，競技性を持つゲームを中核としたスポーツ実践を，スポーツ実践者がスポーツへの正しい理解を持つことを目的に構成された「スポーツマンのこころ」の講義を学習した上で一定期間行った場合にどのような精神面への影響があるかを，PIL-A得点の合計点とRSES-J得点の合計点の変化によって検討した．その結果，参加者全体ではPIL-A得点の合計点とRSES-J得点の合計点が共に有意に増加する（PIL-A：p<0.001，RSES-J：p<0.001）ことが認められた．

その際に，参加者がそれまでに持っている可能性の高い「スポーツ理解への歪み」を修正し，その結果として「勝利を志向して・真剣に・仲間や相手と・ルールを遵守して・楽しく」ゲームを行えるようにすることを目的に行われた「スポーツマンのこころ」の講義が参加者に与えた影響は，アンケート調査の結果から非常に高い確率（影響有以上85%，影響無0%）で講義が目的としたスポーツ理解の歪み修正に寄与していることが示された．さらに，影響の程度（大・有・小）とPIL-A得点の合計点とRSES-J得点の合計点の変化の関わりからも，講義について「非常に影響があった」と答えたグループにおいてのみPIL-A得点の合計点とRSES-J得点の合計点に有意な増加が認められ（PIL-A：p<0.001，RSES-J：p<0.001），「多少影響があった」と答えたグループではPIL-A得点の合計点とRSES-J得点の合計点には有意な増加が認められなかったことから，講義の影響によるスポーツ理解の歪みの修正が実技へ取り組む態度の変化につながり，その上でのスポーツ実践が生きがい感や自尊感情の向上に結びている可能性が認められた．

　この点については，2007年以降に筆者の講義を受けた対象者からの感想文等での肯定的なリアクションや，講義を理解した後の参加者のスポーツ実践への取り組みの変化の様子などの経験知において，十分に「スポーツマンのこころ」の講義の理解が与える影響は予想されていたが，今回の結果はそれを実証するものであった．

　各グループ毎に考察すると，A群に関しては，この教室は筆者の作業所責任者への提案から作業所として開催する行事として実施へ至ったものであり，通所者のスポーツ活動への意志とは無関係のものであった．しかしながら，A群のPIL-A得点の合計点が最も大きく増加すると共に有意差を示し（p<0.01），講座終了後の合計点（98.41±16.74）が，PIL研究会によって示されている健常者成人のPIL得点の合計点の平均値である（99.1±19.38）とほぼ等しいレベルまで向上した点と，RSES-J得点の合計点についても3群の中では相対的には低い値ではあったものの有意な向上（p<0.05）を示したという点に関し，A群の平均年齢

は45.8±10.40歳と最も高く，ほぼすべての参加者がこれまで日常的なスポーツ活動習慣を持っていなかった状態でのスタートから，プログラムの進展に伴い少しづつボールで遊ぶ楽しさということを憶えていくとともに，着実にゲームでのプレーへの取り組みが真剣さを増し，さらに，終盤にはチーム内で声を掛け合って連携する場面なども増してゆき，握手ではじまり拍手で終える対戦相手との攻防の中で笑い声を交えて盛り上がる頻度が上がっていった点など，「スポーツマンのこころ」の講義を含めた，漸進的なステップを踏んでのスポーツ活動への導入と実践が精神面に与える効果の可能性を感じた．

　この結果は，山田らの研究［山田・中道・高谷ほか 2009］においての今後の課題として挙げられていた，スポーツへの抵抗感や不安からスポーツ活動への参加に消極的になっている精神障がい者の非運動群への有効な対策へもつながるであろうし，丸山らの研究［丸山・佐藤・堀越 2009］で示唆された，精神障がい者の社会生活を地域で支えていくための継続的なスポーツの実施の実現にも繋がるきっかけとなるのではないだろうか．実際，今回のスポーツプログラムにおいても，数人の参加者が講座前に抱いていたスポーツ活動への抵抗感や不安や負のイメージを，講義を含めた全活動を通じて解消していったことを，講座終了後のアンケートにおいて記述していた．

　B群に関しては，この授業は正看護師を目指すカリキュラム内の必修体育科目ということで，自分の意志に関わらず受講しなければならない体育実技であることや，実際に初回の講義の感想文中の記述で「私は体育が苦手である」とか「昔から体育が嫌い」という学生が2割程いたこと，場合によっては「何故正看護師のプログラムに体育があるのかがわからない」という学生もいたこと，そして，学生のほとんどが午前中に準看護師としての仕事を終えての午後からの授業であることなど，とりわけスポーツが苦手だったり嫌いな学生にとっては，決してスポーツを主体的に楽しむための十分な前提条件が整っているとは言い難い状況であった．しかし，講座終了後のアンケート結果で「スポーツマンのこころ」の講義の影響について「非常に影響があった」と答えた者の割合

が66%と他の2群に比して非常に高かったことや，アンケートでの「スポーツを楽しむために必要なことと正看護師を目指すために必要なこととの接点を見つけた」とか「チーム医療をしていく上での良い体験になった」という記述などから，講義を理解したことによってスポーツ実践へ取り組む姿勢が変容して，「真剣に，仲間とともに，楽しく」授業に取り組めたことがPIL-A得点の合計点とRSES-J得点の合計点の有意な増加（PIL-A:p<0.01, RSES-J:p<0.001）につながったのではないかと考えられる．

　C群に関しては，この授業は自らの意志で種目を選択して受講する体育実技科目のため，受講生のスモールサイディッドサッカーへの指向は比較的に強く，初回のゲームから活発な盛り上がりを見せた．しかし，受講生の中には第1希望種目での抽選漏れの結果この種目を選択した者もいたため，そういった学生は講座終了後のアンケートにおいて「サッカーに苦手意識があったので，どうせ楽しめないだろうと嫌な気持ちを持っていたが，講義を聞き，私でも楽しめるんだ，上手い下手はスポーツには関係なくて，いかに自分が挑戦できるかなんだ，とすごく気持ちが楽になり，最後まで楽しめた」（女子）と記述し，また，男子学生であってもサッカー未経験者の場合は「あまり上手ではないので心配だったが，事前の講義内容によって不安が消えた」とか，サッカー経験者の場合であっても「あまり頑張らず適当に参加するつもりだったが，講義を聞いて真剣な取り組みを心掛けた」という記述から，やはり，講義による心構えの修正が実技実践に取り組む態度を変容させ，結果的にPIL-A得点の合計点の有意な増加（p<0.01）に繋がった可能性が感じられた．

　今回の調査では，「スポーツマンのこころ」の講義を理解した上でのスポーツ実践の有効性が生きがい感（PIL-A）や自尊感情（RSES-J）の向上という点で確認された．しかし，「スポーツマンのこころ」の講義を受けなかった場合に，生きがい感や自尊感情にどのような影響があるかについては検討していない．それは，「スポーツマンのこころ」の講義の理解がスポーツ実践に与える有効性を経験的に検証しているスポーツ指導者である筆者には，倫理的になし得な

いことと考えたからである．しかし，講義の有効性を検証するためには，他の
スポーツ指導者のスポーツ実践の場を活用しての「講義なし」でのPIL-A得点
の合計点とRSES-J得点の合計点の変化を検討をしていく必要があるだろう．

注

1）本節の内容は，髙橋［2012］による

参考文献

木村真知子編［2007］『子どものボールゲーム　バルシューレ』創文企画．

髙橋正紀［2012］「「スポーツマンのこころ」の講義理解後のスポーツ実践が生きがい感と
　　自尊感情へ与える影響」『スポーツ精神医学』9．

PIL研究会編［1998］『PILテスト/日本版マニュアル』システムパブリカ．

フランクル,V.E.［1993］『それでも人生にイエスと言う』（山田邦夫・松田美佳訳）春秋社．

フランクル,V.E.［1999］『生きる意味を求めて』(諸富祥彦監訳)，春秋社．

丸山絢子・佐藤伸哉・堀越立［2009］「精神科デイケアにおけるスポーツプログラムの有
　　用性についての一考察」『スポーツ精神医学』6．

山田由佳・中道満子・高谷義信・岡村武彦・寺嶋繁典・米田博［2009］「精神障がい者のスポー
　　ツ活動への意識とその効果」『スポーツ精神医学』6．

Crumbaugh,J.C. and Maholic,L.T.［1969］*Manual of instructions for the Purpose in Life
　　test*, Psycometric Affiliates.

Mimura, C. and Griffiths, P.［2007］"A Japanese version of the Rosenberg Self-Esteem
　　Scale. Translation and equivalence assessment," *J Psychosomatic Res*. 62: 589-594.

Rosenberg, M.［1965］*Society and adolescent self-image*, New Jersey: Princeton
　　University Press.

sportsmanship

体育科教育とスポーツマンシップ

sportsmanship

近年，2020年の東京オリンピック・パラリンピックを前に，国民の間で体育・スポーツへの関心が高まっている．制度面においても2011年にスポーツの文化的価値とスポーツ権を明文化した「スポーツ基本法」が制定され，2015年には「スポーツ庁」が文部科学省の外局として設置され，学校体育の授業や部活動を所掌することとなった．このような背景から，スポーツ選手や指導者，スポーツ関連団体はフェアプレーやスポーツマンシップを遵守することが求められ，それらに違反した場合はマスコミなどからも厳しく非難され大きな社会問題となることもある．

　現行の学習指導要領においては，中学校・高等学校の体育科に「体育理論」領域が設定され，ルールやマナーを守ること，仲間を大切にすることや他者を尊重することを理論的に学習することが示されている．そして，それらの知識を体育・スポーツ活動，さらには学校生活全般において積極的に取り組むことが求められている．このように体育科教育は，生徒が心身ともに成長する思春期に，心と体を一体として捉え，生涯にわたって心身の健康を保持増進し豊かなスポーツライフを実現するための資質・能力を育成するという使命を担っているのである．

　第Ⅲ部の「体育科教育とスポーツマンシップ」では，日本の体育科教育に焦点を当て，分かりやすく説明することを目的とした．具体的には，体育科教育の概要と日本の体育科教育政策について，既存の資料や先行研究をもとに解説を行った．そして，体育科の授業については，「体育理論」と「体つくり運動」を事例として，指導案や教材の作成方法について説明を加えた．

　明治時代から体育はphysical education の翻訳語として使用されてきたが，2020年の東京オリンピック・パラリンピック開催に向けて，その意義や価値をもう一度見直すことが必要であろう．第Ⅲ部の内容が保健体育科教員を目指す学生や体育・スポーツに興味を持つ方々にとって有益な内容となることを期待する．

10

sportsmanship

体育科教育の概要

▼ *1.* 体育科教育とスポーツマンシップ教育

　現在，中学校保健体育科で使用されている教科書には「スポーツマンシップ」に関する記述が**表10-1**のように示されている．ここには，運動やスポーツではフェアプレーやチームワーク，さらにはコミュニケーションが重要であり，社会性を身に付けることができると示されている．また，高等学校の教科書はスポーツ精神やスポーツ倫理などの項目で，ドーピングや勝利至上主義について社会全体に悪影響をおよぼす行為であると記述されている．

表10-1　中学校保健体育科の教科書におけるスポーツマンシップに関する記述

書名・出版社・出版年	スポーツマンシップに関する記述
書名　新中学保健体育 出版社　学研教育みらい 出版年　2017	体育編　第2章　スポーツの効果と安全 2　スポーツの社会性 　スポーツを行う人には，ルールを守る，さまざまな人に配慮する，仲間を大切にする，他人を尊重するといったことが求められます．このような態度や考え方をスポーツマンシップといいます． （①スポーツパーソンシップということもある）
書名　保健体育 出版社　大修館書店 出版年　2016	体育編　第2章　運動やスポーツの効果と安全 ②　スポーツでルールや対戦相手を尊重することをフェアプレイといいます．この精神を，日常生活でも発揮しようとする態度のことをスポーツマンシップ（スポーツパーソンシップ）といいます．

（出所）森・佐伯［2017：151］，本村・衛藤［2016：24］をもとに筆者作成．

101

しかし，近年のスポーツ界における一連の不祥事は，選手や指導者の社会性の欠如によるものが原因となっていることから，これらの指導が十分であるとは言えない．そこで，本章では，保健体育科教員をめざす学生や体育・スポーツに興味を持つ方々に，日本の体育科教育政策の現状，体育科の授業づくり，指導方法について，広く学ぶことができる内容を提供したいと考えた．

▼ *2.* 保健体育科教員の役割

教科指導と特別活動指導

　中学校学習指導要領（2017（平成29）年告示）では，保健体育科の学習を通じて，生涯にわたる心身の健康の保持増進や豊かなスポーツライフを実現するための資質・能力の育成，さらには体力の向上が期待されている．ここでは，その教育に当たる保健体育科教員の役割について説明する．

　まず，最も重要な業務が教科指導である．学習指導要領では**図10-1**に示した各領域について年間計画を作成して指導することになっている．体育分野は，運動に関する領域である「A体つくり運動」，「B器械運動」，「C陸上競技」，「D水泳」，「E球技」，「F武道」及び「Gダンス」の7つの領域と，知識に関する領域である「H体育理論」の計8つの領域で構成されている．保健分野は「(1)健康な生活と疾病の予防」，「(2)心身の機能の発達と心の健康」，「(3)傷害の防止」及び「(4)健康と環境」の4つの内容で構成されている．

　これらの各領域の指導に関して［本村 2016：26］は「各領域・種目にそれぞれ固有の特性があるからこそ，子どもたちに学ばせる価値がある．このため，授業づくりでは，運動の特性，子どもたちの実態（運動経験，関心・意欲，技能程度等），教師の指導観・教材観，教材の開発・工夫，そして学習の道筋を明確にしながら，子どもたちの運動欲求を充足し，各スポーツ種目・ダンス固有の楽しさや喜びを味わうことができるようにしていかなければならない」と示して，授業づくりの重要性を説いている．よって，教員は自分の専門競技や得意・

102　　第Ⅲ部　体育科教育とスポーツマンシップ

保健体育科	
【体育分野】	【保健分野】
A体つくり運動 B器械運動 C陸上競技 D水泳 E球技 F武道 Gダンス	(1)健康な生活と疾病の予防 (2)心身の機能の発達と心の健康
H体育理論	(3)生涯の防止 (4)健康と環境

図10-1　中学校保健体育科の内容構成

（出所）文部科学省［2018b］をもとに筆者作成.

不得意種目に関わらず，すべての領域を指導するための専門的知識と実践力指導力を身に付けることが求められる.

　次に「特別活動」指導について説明する．特別活動は，① 学級活動（高等学校はホームルーム活動），② 生徒会活動，③ 学校行事，の3つで構成されている．これらは集団活動により様々な資質・能力を育成することを目的としている．その中でも学校行事の「(3)健康安全・体育的行事」は，教科指導の内容と密接に関連していることから，保健体育科教員が積極的に関わる必要がある．特に近年は体育祭の「組立体操」において，事故や怪我が多発していることから安全性に配慮した専門的な指導が必要である.

部活動指導

　部活動は，日本の伝統的な学校文化として各学校で取り組まれている．中学校や高等学校では，多くの生徒が部活動に加入して熱心に活動している．しかし，学習指導要領総則は下記のように示しているが，教育課程外の活動のため教科や特別活動と比較すると具体的な目標や内容について詳細に記述されていない.

　中学校学習指導要領総則第5の1ウ
　「教育課程外の学校教育活動と教育課程の関連が図られるように留意するものとする．特に，生徒の自主的，自発的な参加により行われる部活動に

ついては，スポーツや文化，科学等に親しませ，学習意欲の向上や責任感，連帯感の涵養等，学校教育が目指す資質・能力の育成に資するものであり，学校教育の一環として，教育課程との関連が図られるように留意すること．その際，学校や地域の実態に応じ，地域の人々の協力，社会教育施設や社会教育関係団体等の各種団体との連携などの運営上の工夫を行い，持続可能な運営体制が整えられるようにするものとする」［文部科学省 2018a］

学習指導要領では，このように短い記述となっている部活動であるが，教育的な効果が認められている．特に運動部活動は，人間形成や競技力向上，文武両道を目標として，熱心に取り組まれ学校全体の活性化につながっている．［吉田 2009：2］は「運動部活動を毎日2時間，週に5日行った場合，年間約350時間の活動となり，これは他教科と比べると数倍の時間となることから，教育効果の面からは教科と同等，もしくはそれ以上の成果が期待できる」と評価する．また，［黒澤 2009：105］によれば，運動部活動はライフスキル教育の観点から，**図**10-2のような4つの側面を持つとする．1つ目は「達成」である．試合での勝利や，合宿や練習を終えた時の充実感は日常の生活では得られない体験となる．2つ目は「挫折」である．試合での敗北，競技でのスランプなど，時には失敗を経験することもある．また，努力しても結果が出ないなどの不条理を経験することもある．しかし，こうした体験からの学びは，その後の人生における苦難を乗り越える糧となる．3つ目は「忍耐」である．生活の便利さや，快適な環境になれている生徒が，真夏や真冬の練習を通して，身体の限界に挑戦

図10-2　部活動を通じて会得できる体験

（出所）筆者作成．

する機会を持つことなどは，我慢強さの体得となる．4つ目は「交流」である．運動部活動は，同級生だけでなく，先輩や後輩，顧問教員や卒業生，外部の指導者といった異なる年代で構成される．また，試合や合同練習を通じて他校や他府県の生徒・関係者とも交流を持つ．ここには日常的に固定化される学校や学級を超えたコミュニケーションが体得される．

　しかし，近年では運動部活動中の顧問教員による体罰やハラスメント，部員間のいじめや暴力行為，勝利至上主義による行き過ぎた指導が問題となっている．また，顧問教員の高齢化や超過勤務の問題なども社会問題として捉えられている．それらに対して，国は学校教育法施行規則を改正して，単独での指導や引率が可能となる「部活動指導員」を新たに学校職員として配置し，顧問教員の負担を軽減しようとしている．

　今後，保健体育科教員は単に部活動の指導を行うだけでなく，保健体育の授業と運動部活動を関連させた指導や，学校全体の部活動をマネジメントすることも期待されている．

保健体育科教員の年間予定

　保健体育科教員の1年間の業務は教科指導や担任・校務分掌業務だけでなく，勤務校の特別活動（主に行事）や顧問を務める運動部活動の試合日程や遠征・合宿に大きく左右される．ここでは筆者（柔道部顧問）の例をあげて，三学期制高校の年間予定（**図10-3**）を示した．なお，担当する学校種や部活動，公立・私立校によって年間予定は大きく異なる．

図10-3　保健体育科教員(高等学校)の1年

4月	・入学式・始業式　新入生オリエンテーション（体操服・シューズ等の購入説明） 【顧問総会】・【京都府公立高等学校柔道大会】
5月	【柔道部合同練習会】（ゴールデンウィーク期間） ・中間試験 【京都府高等学校総合体育大会】 ・教育実習
6月	【全国高等学校総合体育大会柔道競技（インターハイ）個人試合京都府予選】 【全国高等学校総合体育大会柔道競技（インターハイ）団体試合京都府予選】
7月	・期末試験 ・球技大会（バレーボール大会）
8月	【全国高等学校総合体育大会柔道競技（インターハイ）】 【柔道部夏季合宿】（京都府内） ・始業式
9月	・体育祭　・学園祭
10月	・中間試験 ・研修旅行（沖縄県） 【京都府高等学校柔道選手権大会（個人試合）兼 近畿高等学校柔道新人大会京都府予選】
11月	【京都府高等学校柔道選手権大会兼 全国高等学校柔道選手権大会兼 近畿高等学校柔道新人大会（団体試合）京都府予選】
12月	期末試験・終業式 【冬季遠征試合】奈良県
1月	始業式 【全国高等学校柔道選手権大会（個人試合）京都府予選 京都府高等学校柔道段外選手権大会】
2月	公立高等学校推薦入学試験 マラソン大会
3月	学年末試験 公立高等学校一般入学試験 【柔道部春季合同練習会】京都府内

（出所）伊藤［2014］をもとに筆者作成.

体育科教育学とは何か

　「体育」という言葉はphysical educationの翻訳語として明治初期から使用され始めたものである．その体育を学校教育の中で専門的に教育するための学問分野が体育科教育学と考えられる．つまり，一般的なスポーツ指導法とは異

図10-4 体育学と教育学(教授学)との関係
(出所) 高橋 [2010：2].

なり，体育科教育は授業を通じて専門的な知識・技能を指導するための学問である．

これまでの先行研究において，[高橋 2010：1] は「体育科教育学は，体育授業を中心とする体育実践の改善を目的として行われる研究分野である」と述べている．さらに「体育科教育の目標・内容・方法の一貫した原理を探究し，絶えざる授業改善に役立てようとする研究である」としている．そして，教育学や体育学との関係を**図10-4**のように示している．

イギリスのアーノルド [Arnold 1979：168] は，体育科教育を運動に関する合理的な知識を伝達する「運動に関する教育」，運動を教育目標実現の手段として利用する「運動を通しての教育」，運動を文化財として目的的に学習する「運動の中の教育」の3次元が存在しており，その3つが互いに重複し依存しあうものであると分析している．このことから日本においても，体育という教科が他教科と比較して学ぶべき文化的側面がなければ，その存在価値自体が問われることになる．

実際の学校現場では，このような理論及び先行研究を理解せず，生徒の自主性尊重と称した放任的な授業や，基礎的な知識や技能を指導せず，刹那的な楽しさを求めるような授業を展開している教員が見受けられる．体育の授業は他の授業と比較して，暑さ寒さなど天候の影響を受けやすく，怪我や事故が発生しやすいという特徴がある．これらのことからも，保健体育科教員は常に専門性を高める努力をする必要がある．

3. 体育科の授業づくり

体育授業の要素

多くの教員が「良い授業」を実施したいと考えている．そこで，体育授業の構成要素について考えてみたい．［宇土・髙島・永島ほか編 2000：13］は，学習活動を生み出す3大条件として①学習者，②運動教材（内容），③教師を挙げている．そして，これらを取り巻く付加的な条件として，④運動施設・用具，⑤学習集団，⑥学習計画が位置付いているとしている（**図10-5**）．保健体育科教員は，これらの条件を十分理解したうえで，年間指導計画，単元計画，授業計画を検討しなければならない．体育授業は天候や季候の影響を受けやすく，学習者の体調や心の状態が授業に直接反映される傾向が強い．よって，授業を行う際には生徒理解に努め，準備運動で体のウォーミングアップを，号令や声出しによる心のウォーミングアップを図らなければならない．

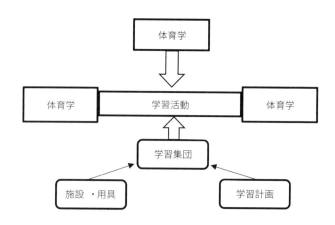

図10-5　体育授業の構造モデル
（出所）宇土・髙島・永島ほか編［2000：13］．

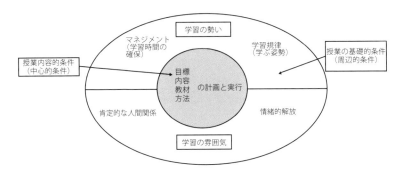

図10-6　良い体育授業を成立させる条件
(出所) 高橋 [2010：49].

よい体育授業の条件

　これまで筆者が教育実習生に良い体育の授業について質問すると「楽しい授業」「体育の楽しさを味わえる授業」といった解答が多かった．しかし，それは体育を得意とする人たちにとっての楽しさではないだろうか．体育を苦手とする生徒，体育嫌いの生徒を含めた「良い授業」とはどのようなものであろうか．

　[高橋 2010：49] は，良い体育授業を成立させる条件として基礎的条件と内容的条件の二重構造によって成り立っていると分析する（図10-6）．まず，基礎的条件には学習規律（学ぶ姿勢）やマネジメント（学習時間の確保）など授業の勢いと，肯定的な人間関係や情緒的な解放などの学習の雰囲気が必要とされる．これらの条件が整ったうえで，授業の目標・内容・教材・方法の計画と実行がなされることによって，良い授業が実現されるとする．つまり，この2つの条件は車の両輪のようなものでどちらか1つが欠けても良い体育授業は成立しないのである．

参考文献

伊藤博子 [2014]『保健体育教師になろう！――不安に応える現役教師からのアドバイス――』大修館書店．

宇土正彦・高島稔・永島惇正・高橋健夫編 ［2000］『新訂体育科教育法講義』大修館書店.

黒澤寛己［2009］「学校教育再生の試みと対策」，横山勝彦・来田宣幸『ライフスキル教育
　　スポーツを通して伝える「生きる力」』昭和堂.

高橋健夫［2010］「体育科教育で何を学ぶのか」「よい体育授業の条件」，高橋健夫・岡出美則・
　　友添秀則・岩田靖編『新版体育科教育学入門』大修館書店.

本村清人［2016］『「知・徳・体」を育む学校体育・スポーツの力』大修館書店.

本村清人・衛藤隆他［2016］『保健体育』大修館書店.

森昭三・佐伯年詩雄ほか［2017］『新中学保健体育』学研教育みらい.

文部科学省［2018a］「中学校学習指導要領（平成29告示）」.

文部科学省［2018b］「中学校学習指導要領（平成29告示）解説保健体育編」.

吉田浩之［2009］『運動部活動と生徒指導　スポーツ活動における教育・指導・援助のあり方』
　　学事出版.

Arnold,P.J.［1979］*Meaning in Movement, Sports and Physical Education*,
　　Heinemann:London.

sportsmanship
11 日本の体育科教育政策

▼ *1.* 体育科教育の歴史

　日本の公教育制度と近代学校制度は1872（明治5）年の「学制」によって開始された．近代国家として「富国強兵」や「殖産興業」という目的を実現させるために，共通の知識や価値規範を国民に共有させるねらいがあったと考えられる．

　特に体格・体力の面で欧米諸国に劣っていた日本は，まず学制公布時に「体術」と称する科目を設置した．その後，1879（明治12）年に教育令が発布され，学校教育の中に随意科として「体操」が設置され，1886（明治19）年に「体操」が正課として小学校の科目に加えられた．1911（明治44）年に，撃剣（現在の剣道）と柔術（現在の柔道）が中学校の随意科として加わることとなった．さらに，1913（大正2）年に「学校体操教授要目」（現在の学習指導要領）が初めて制定され，中学校と師範学校の男子に撃剣と柔術を加えることが示された．

　昭和に入り，1930（昭和6）年の中学校令施行規則改正により，剣道及び柔道が必修となった．さらに，1936（昭和11）年に学校体操教授要目が改正され，柔道・剣道の指導方法が示されるとともに，女子にも弓道，薙刀を正課で指導してもよいこととなった．満州事変勃発により学校教育も戦時体制の影響を受け，児童・生徒の心身の鍛錬が教育目標と変わっていった．1941（昭和16）年には，小学校が国民学校と改称され，体操が「体錬科」と改称され，その内容

表11-1　体育科教育の歴史（戦前）

1872（明治 5 ）年	「学制」により小学教科に「体術」が設定される.
1878（明治11）年	体操伝習所が開設される（文部省布達）.
1879（明治12）年	「教育令」発布.「体操」が随意科として実施される.
1886（明治19）年	「小学校令」で「体操」が正課として実施される.
1911（明治44）年	撃剣及び柔術（現在の柔道）が中学校の随意科に加わる.
1913（大正 2 ）年	「学校体操教授要目」が制定される. 中学校と師範学校の男子に撃剣と柔術を加えることが示される.
1930（昭和 6 ）年	中学校令施行規則改正により，剣道及び柔道が必修となった.
1936（昭和11）年	学校体操教授要目改正，女子に弓道，薙刀を正課で指導してもよいこととなった.
1941（昭和16）年	「国民学校令」公布.小学校を国民学校と改称.「体操」が「体錬科」に改称される.
1945（昭和20）年	終戦により，学校での武道が禁止される.
1946（昭和21）年	文部省に学校体育研究委員会が設置される.
1947（昭和22）年	学校体育指導要綱制定.「体錬科」が「体育科」に改称される.

（出所）本村［2016：23；2007：54，57］，井上［1970］をもとに筆者作成.

が体操と武道に分けられた.

　終戦により，文部省に「学校体育研究委員会」が設置され，1947（昭和22）年に学校体育指導要綱が制定され，「体錬科」が「体育科」に改称された.

▼ *2.* 体育科教育における「武道」　◥

武道教育の歴史（戦後）

　終戦により，GHQ（連合国軍総司令部）は武道を軍事的な訓練とみなし，1945（昭和20）年11月に学校教育で行うことを禁止した．その後，当時の文部省や武道関係団体の請願活動により1950（昭和25）年に柔道が，1952（昭和27）年に剣道が「しない競技」として学校教育に復活した．中学校学習指導要領においては，1958（昭和33）年に「格技」として男子の正課科目に，1989（平成元）年に武道として男女共修科目として明記された．2008（平成20）年の中学校学習指導要領の改訂により，武道（柔道・剣道・相撲）は男女ともすべての中学生が学習する必修の

112　第Ⅲ部　体育科教育とスポーツマンシップ

領域となった．必修化の理由は，大きく分けて次の2点である．1つ目は，教育基本法の中で「伝統と文化の尊重」が強調されたことによるものである．2つ目は，学習指導要領の課題が，すべての生徒に運動の基礎的・基本的な知識・技能を習得させることにあるからである．

各領域の指導内容と武道

表11-2は，現行の学習指導要領における体育科の各領域の内容をまとめたものである．この表からは，学校段階の接続と発達段階に応じた知識や技能の体系化を図ろうとしていることが見て取れる．しかしながら，武道領域に関しては2つの問題が指摘できる．1つ目は，小学校からの系統学習がなされていないことである．他の領域は，小学校低学年での運動遊びを通じて各運動の基本学習がなされているが，武道に関してはそのような学習がなされていない．2つ目は武道の学習期間が短いことである．義務教育段階だけでみると，他の領域が9年間で学習する内容を中学校の3年間で習得しなければならない．このことによって，武道では小学校で基本学習ができていない状態で，中学校の学習に取り組まなければならない．そして，さらにその短い学習時間の中で多くの技能を習得しなければならないという課題が生まれる．その結果，柔道では受身などの基本動作ができていない状態で自由練習や試合が行われ，骨折やねん挫などの事故が起こっていると考えられる．

表11-2　体育科（実技を伴う）各領域の指導内容

小学校1・2年	小学校3・4年	小学校5・6年	中学校	高等学校
体つくりの運動遊び	体つくり運動			
器械・器具を使っての運動遊び	器械運動			
走・跳の運動遊び	走・跳の運動	陸上運動	陸上競技	
水遊び	水泳運動		水泳	
ゲーム		ボール運動	球技	
表現・リズム遊び	表現運動		ダンス	
なし			武道	

（出所）筆者作成．

3. 体育科教育の制度（関連法規について）

教育に関する法規

公教育としての学校教育は教育法などの関連法規によって，その制度が規定されている．教員は，これらの関連法規を理解した上で「法令遵守」（コンプライアンス=compliance）と「説明責任」（アカウンタビリティ=accountability）に努めなければならない．

①日本国憲法

憲法は国の最高法規であり，日本では日本国憲法がこれに相当する．憲法第26条では次のように教育を受ける権利，教育を受けさせる義務，義務教育の無償，が示されている．

第26条　すべて国民は，法律の定めるところにより，その能力に応じて，ひとしく教育を受ける権利を有する．

②　すべて国民は，法律の定めるところにより，その保護する子女に普通教育を受けさせる義務を負ふ．義務教育は，これを無償とする．

②教育基本法

教育基本法は，教育に関する最重要の法律である．1947（昭和22）年に制定されたが，社会情勢などの変化により2006（平成18）年に改正法が公布・施行された．第1条では，旧法と同様に「人格の完成」が教育の目的として示された．

（教育の目的）

第1条　教育は，人格の完成を目指し，平和で民主的な国家及び社会の形成者として必要な資質を備えた心身ともに健康な国民の育成を期して行われなければならない．

③学校教育法

　学校教育法は，学校教育に関する基本事項を定めた法律である．その第1条には，学校の範囲として対象の教育機関が示されている．これらの教育機関の教育課程に関する基準を定めた規則が学校教育法施行規則である．そして，この規則を根拠に文部科学省によって学習指導要領が定められている．学習指導要領は，指導内容を学習段階に応じて配列した「教育課程（カリキュラム）」が示されている．

　　（学校の範囲）
　　第1条　この法律で，学校とは，幼稚園，小学校，中学校，高等学校，中
　　　　　　等教育学校，特別支援学校，大学及び高等専門学校とする．

スポーツに関する法規

　1964（昭和39）年に，東京オリンピックが開催されることになり，日本国内ではスポーツに関する体制を早急に整える必要があった．そのため，1961（昭和36）年に「スポーツ振興法」が制定された．この法律でスポーツは「運動競技及び身体活動（キャンプ活動その他の野外活動を含む）であって，心身の健全な発達をはかるためになされるもの」と定義され，「文部大臣はスポーツ振興に関する基本的計画を定めるもの」という条文が示された．その後，日本のスポーツを取り巻く環境が大きく変化し，1998（平成10）年に「スポーツ振興くじ」【通称トト，toto】が導入・施行され，その財源を基盤に2000（平成12）年に「スポーツ振興基本計画」が策定された．

　そして，スポーツ振興基本計画の最終目標年である2010（平成22）年に文部科学省は「スポーツ立国戦略」を策定・公表し，その翌年の2011（平成23）年に「スポーツ基本法」が公布・施行された．ここでスポーツは「世界共通の人類の文化」であると定義され，「スポーツを通じて幸福で豊かな生活を営むことは，すべての人びとの権利」であることが明確に示された．

4. 学習指導要領

学習指導要領の概要

　学習指導要領は，学校教育の教育課程の編成，各教科等の目標や内容，授業時数の取り扱い，指導計画作成の配慮事項などに関する国の基準である．その目的は，全国のどの地域の学校で教育を受けても一定の教育水準の教育を保障するものである．その内容については，法規命令の性格（法的拘束力）を持つとされている．種類については小学校，中学校，高等学校及び特別支援（小学部・中学部・高等部）がある．また，幼稚園については幼稚園教育要領が作成されている．

学習指導要領の改訂

　学習指導要領は，社会情勢の変化に対応して概ね10年ごとに改訂されてきた（**表11-3**参照）．ここでは改訂方法について，［本村 2016：30-31］の論考をもとに確認する．

　まず，文部科学大臣が，国内外の社会状況，学習指導要領に基づく教育課程の編成・実施上の成果と課題等を踏まえ，向こう10年あるいは20年先を見通して児童生徒にどのような資質や能力を身に付けさせればよいか，国の教育課程の基準全体の見直しについて検討するよう中央教育審議会（以下，中教審）に要請する．その際，諮問理由が添えられる．

　要請を受けた中教審は，初等中等教育分科会内に教育課程部会を設け，各校種ごとの教育課程について議論を重ねる．ここでの議論が，校種ごとに各教科等のワーキンググループにおろされ，より専門的な協議が行われる．平成29年・30年の改訂では，保健体育科については「体育・保健体育，健康，安全ワーキンググループ」で慎重に検討がなされた．それらの審議された結果を再度教育課程部会や中教審総会で審議し，最終的にまとまったものを文部科学大臣に提

116　第Ⅲ部　体育科教育とスポーツマンシップ

表11-3　学習指導要領の変遷と主な内容

改訂年	主な内容
昭和22年版 1947年	・「教師のための手引書」とされ，「試案」と記載. ・経験主義的なカリキュラムが採用される.
昭和26年版 1951年	・「教育課程」という用語が登場.
昭和33・35年版 1958・1960年	・教育課程の基準としての性格の明確化，「告示」形式に. ・法的拘束力を持つことを明確化. ・教科の系統性重視，科学技術教育の向上.
昭和43・44・45年版 1968・1969・1970年	・教育内容の一層の向上，「教育内容の現代化」 ・小・中学校の算数・数学，理科を中心に教育内容を増加.
昭和52・53年版 1977・1978年	・ゆとりある充実した学校生活の実現．学習負担の適正化. ・授業時間を1割削減，指導内容を大幅に削減.
平成元年版 1989年	・社会の変化に自ら対応できる心豊かな人間の育成 ・「新しい学力観」 ・中・高で選択履修幅の拡大. ・国旗掲揚・国歌斉唱：「指導するものとする」
平成10・11年版 1998・1999年	・基礎・基本を確実に身に付けさせ，自ら学び自ら考える力などの【生きる力】の育成. ・完全学校週5日制に合わせ，授業時数の大幅削減と教育内容の厳選.
平成10・11年版 （一部改正）2003年	・学習指導要領のねらいの一層の実現. ・「基準性」（学習指導要領は教える内容の「最低基準」
平成20・21年版 （一部改正）2015年	・「道徳」を「特別の教科　道徳」とする.
平成29・30年版 2017・2018年	・社会に開かれた教育課程，主体的・対話的で深い学び， 　カリキュラム・マネジメント. ・すべての教科等を，①知識・技能，②思考力・判断力・表現力等， ③学びに向かう力，人間性等の3つの柱で再整理.

（出所）『月刊教員養成セミナー』2017年6月号別冊，18-19頁をもとに筆者作成.

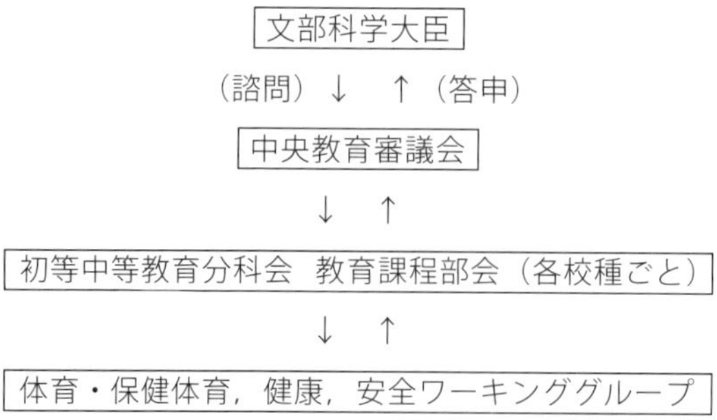

```
            ┌──────────────┐
            │  文部科学大臣  │
            └──────────────┘
      （諮問）↓    ↑（答申）
            ┌──────────────┐
            │ 中央教育審議会 │
            └──────────────┘
                 ↓  ↑
  ┌──────────────────────────────────┐
  │ 初等中等教育分科会 教育課程部会（各校種ごと）│
  └──────────────────────────────────┘
                 ↓  ↑
  ┌──────────────────────────────────┐
  │ 体育・保健体育，健康，安全ワーキンググループ │
  └──────────────────────────────────┘
```

図11-1　学習指導要領改訂の組織図

（出所）本村［2016：31］をもとに筆者作成．

出する（**図11-1**参照）．なお，保健体育に関する所掌事務はスポーツ庁政策課学校体育室が担当している．

　今回の改訂では，中教審への諮問が2014（平成26）年に行われ，2016（平成28）年に答申が出された．小・中学校は2017（平成29）年，高等学校は2018（平成30）年に改訂され，周知・徹底及び教科書検定期間を経て，小学校2020（令和2）年，中学校2021（令和3）年，高等学校2022（令和4）年から順次実施される予定である．このように諮問から全面実施まで8年の長い歳月をかけて改訂が行われるのである．

◤ *5.* 　学習指導要領保健体育科の目標　◢

　中学校学習指導要領保健体育科（2017（平成29）年告示）で示された目標は**表11-4**のとおりである．すべての教科に示された，① 知識及び技能，② 思考力，判断力，表現力等，③ 学びに向かう力，人間性等の3つの柱を踏まえ目標が設定された．

　特に体育分野は，小学校から高等学校までの12年間を見通し，発達の段階を踏まえて，指導内容を一層明確化・重点化している．また，体育分野と保健分野との一層の関連を図る指導に配慮することを明示している．さらに，体力や技能の程度，年齢や性別及び障害の有無等にかかわらず，運動やスポーツの楽しみ方を共有できるよう，共生の視点を踏まえ内容が改善されている．

　文中の「体育の見方・考え方」については，生涯にわたる豊かなスポーツラ

表11-4　中学校学習指導要領保健体育科の目標（平成29年改訂）

項目	内容
柱書	体育や保健の見方・考え方を働かせ，課題を発見し，合理的な解決に向けた学習過程を通して，心と体を一体として捉え，生涯にわたって心身の健康を保持増進し豊かなスポーツライフを実現するための資質・能力を次のとおり育成することを目指す．
知識及び技能	(1)　各種の運動の特性に応じた技能等及び個人生活における健康・安全について理解するとともに，基本的な技能を身に付けるようにする．
思考力，判断力，表現力等	(2)　運動や健康についての自他の課題を発見し，合理的な解決に向けて思考し判断するとともに，他者に伝える力を養う．
学びに向かう力，人間性等	(3)　生涯にわたって運動に親しむとともに健康の保持増進と体力の向上を目指し，明るく豊かな生活を営む態度を養う．

（出所）文部科学省［2018a］をもとに筆者作成．

イフを実現する観点を踏まえ，「運動やスポーツを，その価値や特性に着目して，楽しさや喜びとともに体力の向上に果たす役割の視点から捉え，自己の適性等に応じた『する・みる・支える・知る』の多様な関わり方と関連付けること」と整理されている．

　保健体育科の教員は，上記の改訂内容を十分に理解したうえで，指導計画の作成や各領域の指導方法，授業の改善に努めなければならない．

◢ *6.* 指導計画の立て方 ◢

　実際に授業を行うには，学習指導要領を確認したうえで計画を立てる必要がある（**表11-5**参照）．まず，授業時数について，中学校では年間標準授業時数は各学年とも105単位時間（合計315単位時間）を確保する．3学年で体育分野・保健分野に当てる時間数は体育分野267単位時間程度，保健分野は48単位時間程度である．体つくり運動は各学年で7単位時間以上，体育理論は各学年3単位時間以上を確保することが求められている．また，指導計画の作成については，

第　11　章　日本の体育科教育政策　　119

保健体育科の特質（実技科目）に応じて「主体的・対話的で深い学び」の実現，障害のある生徒への指導，体力や技能の程度，性別や障害の有無等を超えて運動やスポーツを楽しむための指導の充実，体育分野と保健分野の関連を図った指導の充実などが示されている点を考慮する必要がある．

　上記の内容を踏まえて，3年間の見通しをもった年間指導計画の作成，生徒の現状に基づいた計画の作成・実施・評価・改善，地域の人的・物的資源等の活用を考慮した指導計画を立てる必要がある．もし，これらの環境が不足している場合や安全面に課題がある時は，学校長や教育委員会と相談して環境整備に努めることも教員の役割である．

表11-5　体育の指導計画

①年間計画
　・学校目標を確認する．
　・学校の施設，器具・用具を確認する．
　・児童・生徒の現状を把握する．
　・中学3年間を見通して計画を立てる．
　・運動種目を設定する．
　・単元構成と実施時期を決定する．
②単元計画
　・単元の目標を設定．
　・単元の評価規準を設定．
　・指導と評価の計画を立てる．
③時間計画（指導案，本時案）
　・学習指導要領及び解説を確認する．
　・教材研究を行う（先行研究・指導案など）
　・目標を定め，指導と評価を行う．

（出所）筆者作成．

このように，「学校全体として，児童生徒や学校，地域の実態を適切に把握し，教育内容や時間の配分，必要な人的・物的体制の確保，教育課程の実施状況に基づく改善などを通して，教育活動の質を向上させ，学習の効果の最大化を図ること」をカリキュラム・マネジメントという．

参考文献

井上一男［1970］『学校体育制度史増補版』大修館書店.

黒澤寛己・横山勝彦［2017］「「武道」領域における系統学習の導入政策——体育科教育をめぐる政策アクターの分析を視点に——」『同志社スポーツ健康科学』9.

佐藤豊編［2017］『平成29年版中学校新学習指導要領の展開保健体育編』明治図書.

高橋健夫・大築立志・本村清人・寒川恒夫・友添秀則・菊幸一・岡出美則編著［2013］『基礎から学ぶスポーツ概論』大修館書店.

本村清人［2007］「学校武道の歴史」『日本の武道』日本武道館.

本村清人［2016］『「知・徳・体」を育む学校体育・スポーツの力』大修館書店.

文部科学省［2018a］「中学校学習指導要領（平成29告示）」.

文部科学省［2018b］「中学校学習指導要領（平成29告示）解説保健体育編」.

sportsmanship
12 体育理論の教材・授業づくり

▼ 1. 「体育理論」の概要

　中学校・高等学校保健体育科には，他の実技種目と同様に体育理論の領域が設定されている．具体的な指導については，**表12-1**のとおり中学で各学年3単位時間以上，高校では各学年6単位時間以上の授業時数が示され，それを主に教室で系統立てて行うこととされている．

　しかし，各学校において体育理論の授業がこのように行われているとは言い難い状況がある．大学生を対象としたアンケート調査［吉田 2016］では，高校での体育理論授業の実施率は約30%という結果が出ている．また，中学教員を対象とした調査［村瀬・流川・三世 2017］では，その実施率は1～2割程度という

表12-1　体育理論の指導内容

中学校（各学年3単位時間以上）	高等学校（各年次6単位時間以上）
・第1学年 　運動やスポーツの多様性 ・第2学年 　運動やスポーツが心身の発達に与える効果と安全 ・第3学年 　文化としてのスポーツ	・入学年次 　スポーツの歴史，文化的特性や現代のスポーツの特徴 ・その次の年次 　運動やスポーツの効果的な学習の仕方 ・その次の年次以降 　豊かなスポーツライフの設計の仕方

(出所) 文部科学省［2018b］をもとに筆者作成.

表12-2　学習指導要領における体育理論の内容の推移

年	中学校学習指導要領	年	高等学校学習指導要領
1947 昭和22年	・体育史・体育の目的・各運動の解説 ・練習法・スポーツマンシップ ・家庭体育・国際競技・余暇の利用 ・運動衛生	1947 昭和22年	・体育史・体育の目的・各運動の解説 ・練習法・スポーツマンシップ ・家庭体育・国際競技・余暇の利用 ・運動衛生
1954 昭和29年	・体育史・体育の目的 ・スポーツマンシップ ・レクリエーション・家庭体育 ・運動衛生・国際競技 （小学校でも「体育や運動についての知識」が示された。（1953〜1968まで））	1954 昭和29年	・体育史・体育の目的 ・スポーツマンシップ ・レクリエーション・家庭体育 ・運動衛生・国際競技 　［新体育の目標］
		1956 昭和31年	・発育と体育・運動の学習方法 ・生活と体育 （年間授業時間数の10%と示された）
1958 昭和33年	「体育に関する知識」に名称変更 ・運動種目の特性・運動の特性と練習に関する諸条件・練習方法・運動生活の設計（年間授業時数の5〜10%と示された） 　［1964年東京オリンピック開催］	1960 昭和35年	・発育と運動・運動の練習・社会生活と体育 　［体力づくりを重視した目標］
1969 昭和44年	・中学校生徒の特性と運動・運動の特性と練習・運動の効果・体力の測定方法と結果の活用・現代の生活と運動 ・運動によるレクリエーションの現状	1970 昭和45年	・運動の特性と類型（運動の整理，運動の力学，運動の心理，運動の類型） ・生活と運動（体力と運動，現代社会と運動，現代社会におけるスポーツ，日本の体育）
1977 昭和52年	・運動と心身の働き・運動の練習と体力の測定	1978 昭和53年	・運動の生理学的/心理学的/力学的特性 ・運動処方と練習法・現代社会と運動 　［楽しさを重視した目標］
1989 平成元年	・運動と心身の働き・体力の測定と運動の練習	1989 平成元年	・体力トレーニングの方法と内容 ・運動技能の構造と練習法 ・現代社会とスポーツ
1998 平成10年	・運動の特性と学び方・体ほぐし，体力の意義と運動の効果	1999 平成11年	・社会の変化とスポーツ・運動技能の構造と運動の学び方・体ほぐしの意義と体力の高め方
2008 平成20年	・運動とスポーツの多様性（1年） ・運動やスポーツが心身の発達に与える効果と安全（2年） ・文化としてのスポーツの意義（3年） 　［知識基盤社会の目標］	2009 平成21年	・スポーツの歴史，文化的特性と現代のスポーツの特性（初年次） ・運動やスポーツの効果的な学習の仕方（次の年次） ・豊かなスポーツライフの設計の仕方（その次の年次）

（出所）友添［2010：31，33］，吉田［2016：7］をもとに筆者作成.

ことである．さらに，授業形態については，単元として実施することが定められているにも関わらず，雨天時における実技の代替や各種目のアッセンブリーとして実施されている事例もある．

　体育理論は，1947（昭和22）年の学習指導要綱に初めて領域として設定された．その背景には，戦前の軍国主義によって科目設置された「体錬科」から「体育科」に名称が変更され，民主的スポーツへの転換が図られたことにある．そのため，指導する内容として「スポーツマンシップ」や「余暇の利用」といった「新体育の目標」に関する項目が示されている．

　その後，1953（昭和28）年から1968（昭和43）までは小学校にも，体育理論の領域である「体育や運動についての正しい知識」が設定され，年間授業時数の10%を充てることが明示された．次に1958（昭和33）年の改訂では，「体育に関する知識」に名称変更がなされ，年間授業時数の5〜10%を充てることが示され，検定教科書を用いて指導することも併せて示された．この期間は，日本の経済成長や東京オリンピックの選手強化の観点から「体力づくりを重視した目標」に関する項目が示されている．

　その後，1989（平成2）年の改訂では「生涯スポーツ」という理念のもとに，「体育理論」の指導内容も「楽しさを重視した目標」が示され，生涯体育や生涯スポーツに関する事項を指導するようになった．

　2008（平成20）年の改訂では，指導内容や授業時数について大幅な変更があった．まず，中学校ではこれまでの「体育に関する知識」から「体育理論」へ名称の変更がなされた．**表12-2**は，学習指導要領における体育理論の内容の推移を示したものである．ここからは「体育理論」の学習内容が各年代における体育・スポーツの諸課題に対応した目標となっていることが分かる．また，2017（平成29）年告示の中学校学習指導要領においては，スポーツマンシップやドーピングに関する内容，さらにはスポーツ科学やスポーツ倫理の重要性についても単元として学習することになっている．

第 12 章　体育理論の教材・授業づくり　125

2. 「体育理論」の教材づくり

　体育理論は体育分野の中で，唯一教室で理論を学ぶことができる領域である．そのため，実技の領域と比較して生徒の興味関心を持たせることが難しい．そこで，教材づくりの方法として，オリンピックやプロスポーツなど生徒にとって身近なテーマを素材として選定すべきであると考える．その素材をもとに学習内容を見通した教材づくりを行うことが重要であろう．

　ここでは，1964年の東京オリンピック柔道競技無差別級決勝戦をテーマに，スポーツマンシップやフェアプレーについて学習することにする．

事例　1964年東京オリンピック柔道競技無差別級決勝戦

　東京オリンピックは，アジア初の大会として世界93の国と地域から5152人が参加して，1964年10月10日から24日まで開催された．競技数は20競技163種目で，日本発祥の柔道が初めて正式種目として採用された．その柔道競技は，初日の軽量級で中谷雄英，2日目の中量級で岡野功，3日目の重量級で猪熊功が金メダルを獲得した．

　最終日の無差別級決勝戦で優勝候補アントン・ヘーシンク（オランダ）と神永昭夫（日本）が対戦した．試合時間が8分を過ぎたころ，勝負に出た神永は大内刈りから体落としを掛けた．ヘーシンクはそれを上手くかわして得意の寝技に引き込んで袈裟固めに抑え込んだ．神永は必死に逃げようとしたが，がっちりと胸を合わされ30秒間抑え込まれた．

　「一本」を告げるブザーが鳴った時に事件が起こった．興奮したオランダの観客が試合場に上がろうとしたのである．それを見つけたヘーシンクは右手を上げて観客を制した（**写真12-1**）．なおも試合場に上がろうとする観客に対して，ヘーシンクは前に進んで強く席へ戻るように促したのである（**写真12-2**）．

　後のインタビューでヘーシンクは，「試合がまだ終わっておらず，あの青年

写真12-1　アントン・ヘーシンク(上),神永昭夫(下)

写真提供「共同通信社」.

写真12-2　観客に対して,席に戻るように促すヘーシンク

写真提供「共同通信社」.

は試合場に上がるべきでなかった」と答えたのである．その後，主審から試合終了の宣告を受け，両者は笑顔で握手をして，お互いの健闘を称えあった．その後のインタビューで神永は涙を見せずに「思う存分やった，悔いはありません」と答えたという．

この両者の行動や言動は，試合の勝敗を超えたスポーツマンシップという観点から，多くの人々の賞賛を受けた［柔道大辞典編集委員会編 1999］．

3. 「体育理論」の授業づくり

本節では，1964年東京オリンピック柔道競技無差別級決勝戦をテーマとした体育理論の学習指導案を以下のように示す．

1. 対象学年　中学2年生
2. 単元名　領域　体育理論　「スポーツの効果と安全　スポーツと社会性」
3. 本時の目標

・スポーツを通して身に付ける社会性（フェアプレー・チームワーク・スポーツマンシップ）について理解する．

・スポーツを通して身に付ける社会性（スポーツマンシップ）について，具体例を通して考える．

・スポーツを通して身に付ける社会性について，自身のスポーツ活動や日常生活に活かすようにする．

4. 観点別評価規準

・フェアプレー・チームワーク・スポーツマンシップの意味を理解している．【知識】

・スポーツマンシップに関する具体例を通して，自分の意見を述べること・書くことができる．【思考力・判断力・表現力等】

・本時の学習の成果を自身のスポーツ活動や日常生活に活かそうとしている． 【学びに向かう力，人間性等】⇒提出課題による評価

5. 本時の学習計画

表12-3　体育理論の指導内容

時間	学習内容と学習活動	教師の指導及び支援，評価（☆）
導入 5分	①授業開始の礼をする． ②教科書・ワークシートを準備する． ③本時の目標を知る．	・授業の開始を告げる． ・学習準備の指示（ワークシート配布） ・本時の目標を伝える．
展開① 15分	発問①　フェアプレー，チームワーク，スポーツマンシップという言葉を知っていますか． ①発問を聞いて挙手をして答える． ②その他の生徒は，その意味を考え，調べてワークシートに記入する．	・発問①を行う． ・数名を指名して答えさせる． ・教科書を参照させ，各用語について説明と板書を行う． ☆用語の意味を理解する． 【知識】（ワークシート記入）
展開② 20分	発問②　これは，1964年東京オリンピックの写真ですが，何をしている場面でしょうか． ①発問を聞いて挙手をして答える． 　予想される答え ・柔道の試合中，試合終了の場面 ・抑え込んでいる場面 ②タブレットを受け取り調べる．（機器がない場合は，資料などを配布する） ③両選手の気持ちを考え，ワークシートに自分の意見を書く． ④グループ内で話し合いをして，出た意見を模造紙に書いて各自が発表する．	・発問②を行う．（1964東京オリンピック，柔道無差別級決勝戦の写真①を提示する） ・各班にタブレットを配布して調べさせる． ・各班の状況を見て，写真の説明を行う． （観客の行為を制止したヘーシンクの行動や神永のインタビューについて説明する） ・両選手の気持ちを考えさせる． ・グループ内で話し合いを持たせ，各自の意見を配布した模造紙に書かせる． ○「礼に始まり，礼に終わる」や「ガッツ・ポーズ」の意味など武道と関連付けて説明する． ☆事例について自分の意見を積極的に発表している．【思考力・判断力・表現力等】 （模造紙への記入・観察）

第 12 章　体育理論の教材・授業づくり　　129

まとめ 10分	①自身のスポーツ活動や日常生活に守るべきルールやマナーを記入する. 予想される記入例 ・相手の気持ちを理解して行動する. ・競技のルールを守る. ・最後まで全力を尽くす. など ②他者の優れた記入例を知る. ③ワークシートをグループごとに提出. ④終わりの礼をする.	・本時の学習を通じて,自身のスポーツ活動や日常生活で守るべきルールやマナーについて考えさせ,ワークシートに記入させる. ☆本時の学びを自身のスポーツ活動や日常生活に活かそうとしている. 【学びに向かう力,人間性等】 (ワークシート記入・観察) ・優れた記入例があれば,紹介する. ・ワークシート・模造紙を回収. ・授業の終了を告げる.

参考文献

柔道大事典編集委員会編［1999］『柔道大事典』アテネ書房.

友添秀則［2010］「体育の目標と内容」,高橋健夫・岡出美則・友添秀則・岩田靖編『新版体育科教育学入門』大修館書店.

村瀬浩二・流川鎌語・三世拓也［2017］「体育理論の実施状況と実施内容に関する考察」『和歌山大学教育学部紀要教育科学』第67集.

文部科学省［2018a］「中学校学習指導要領(平成29告示)」.

文部科学省［2018b］「中学校学習指導要領(平成29告示)解説保健体育編」.

吉田文久［2016］「学校体育における「体育理論」の新たな位置づけとその授業づくり(その1)──「文化としてのスポーツ」の学びを位置づける授業の構想に向けて──」『日本福祉大学こども発達学論集』8.

sportsmanship
13 指導案の実際

▶ はじめに

　読者の中には教育実習で指導教官と何度も打ち合わせをし，睡眠時間を削って指導案を書き上げたという方も多いのではないだろうか．あるいは，そのような噂を聞き，教育実習に向けて抜かりなく準備を進めているのかもしれない．それにも関わらず，教師になれば，日々の授業準備や成績付け，校務分掌，生徒指導，部活動指導に追われ，研究授業でしか指導案を書くことがほとんどないという実態がある．では，指導案は何のために書くのだろうか．本章では，その目的を理解し，あなたが思い描く授業を指導案に書き起こす術を習得してほしい．

▶ *1.* 指導案作成の目的

指導案とは何か

　指導案とは授業を構想する設計図であり，授業を行う際の進行表ともいえ，授業や学習指導の記録にもなるものである．各学校の全体計画が設定され，それに基づき年間指導計画が定められ，その中に各領域の単元計画及び本時の授業計画が位置づけられる．逆から考えれば，1時間の授業の積み重ねが，12年間の学びを形成しているのである．

仮にあなたが急遽1時間のバレーボールの授業を任されたとしよう．子ども
に準備運動をさせ，オーバーハンドパスとアンダーハンドパスのドリル練習を
させる．残りの時間で試合を行わせて50分の授業を全うすることはさほど難し
くないかもしれない．しかし，その場しのぎの授業の繰り返しによって，単
元計画や年間指導計画のねらいに到達することは難しい．授業は意図的・計画
的な営みでなければならないのである．しかしながら，学校の全体計画や年間
指導計画を詳細に記憶して，毎時間の授業に臨むことは容易ではない．そこに，
授業を構想し，書き起こす必然性がある．

指導案は何のために書くのか

指導案を書く意味は，授業の構想だけに留まるものではない．授業を実施し
たことがある方はこんな経験をしたことはないだろうか．「計画していた練習
をすっ飛ばしてしまった」「子どもが思ったよりスムーズに活動したので，時
間が余ってしまった」といった経験である．このような経験は，授業を振り返
る（反省する）契機となる．しかし，授業に不慣れであれば，授業中，頭が真っ
白になって自分がどんな行動をとったのか覚えていないという事態も生じかね
ない．そんな時こそ，授業後に指導案を見返して，活動の1つ1つに対して，子
どもの様子や自身の立ち振る舞いを思い出してほしい．指導案は自身で計画を
振り返るための手段にもなる．

授業は毎時間の連続的な営みであるから，数日後には次の授業が待っている．
その際も前時の指導案を見返し，計画に対して子どもがどのような到達状況で
あったのか，当初の計画通り次時を進めていいのか，それとも大幅な修正が必
要なのかを判断する手がかりとなる．このように，指導案は一授業のためだけ
でなく，授業という連続した営みの中で，前後の授業をつなぐ橋渡しの役目に
もなる．

さらに，指導案の役割は個人の振り返りに限定されるものではない．指導案
を目にする機会が多いのは，校内外の研究授業である．研究授業を参観する同

僚や関係者は，子どもの学びを断片的にしか観ることができない．また，授業は多くの情報を有しているため，50分の授業で授業者の考えや想いをすべて受け取ることは不可能に近い．ただし，指導案が手元にあればどうだろうか．授業を受けている子どもはどんな子どもなのか（生徒観），その子どもはこれまでどんな授業を受けてきたのか（単元計画），それを踏まえて本時は何を目標と評価に設定しているのか．1時間の授業を観るだけでは得ることができない情報を指導案を通して得ることができる．その結果，参観者から生産的な助言をもらえることだろう．

◢ *2.* 指導案の作成手順　　　　　　　　　　　　　　◢

授業のイメージを膨らませよう

あなたが授業をつくるとき，何から考えるだろうか．おそらく体育の場合，どんな教材（子どもが直接取り組む学習活動）を子どもに提供するかから考えるのではないだろうか．教材は資料等から探しだし選択するのもよいだろう．ただし，教材をそっくり真似たのではいけない．なぜなら，その教材は目の前の子どもを想定して生み出されたものではないからである．授業を構想するときには，『何を』行うかと同時に，それを『誰に』提供するかという視点も忘れてはならない．運動が得意な子もいれば苦手な子もいる．クラスの雰囲気が活発的なクラスもあれば，おとなしいクラスもある．典型教材といえども，それは誰にでも効く万能薬ではなく，子どもの実態に応じて調合（アレンジ）が必要なのである．そこに教師の専門性と責任があるといってもよい．

加えて，子どもに教材を与えるだけではよい授業にはならない．そこには必ず『どのように』という教師の働きかけが欠かせない．教師の励ましや肯定的なフィードバック（賞賛），矯正的なフィードバック（助言）である．どのような言葉かけを行うか，予め想定しておくとその場面に直面にしたときにスムーズに対処できる．

第 13 章 指導案の実際　　133

指導案の構成要素を知ろう

指導案の形式は地域や学校によって異なり，統一されたものがあるわけではない．しかし，形式は違っても概ね以下の要素は共通している．

1）教材観

広辞苑によれば，「観」とは「見た目．様子．状態」を意味する．よって，教材観とは，どのような教材または領域・種目であるか，その様子や状態についての説明が求められる．

次に，計画する領域・種目の学習指導要領を確認する．学習指導要領は法的拘束力があるため，この内容は必ず踏まえなければならない．ここではより詳しい学習指導要領解説をもとに球技領域のネット型の記述内容を確認したい［文部科学省 2017］．

① 球技は，ゴール型，ネット型及びベースボール型などから構成され，個人やチームの能力に応じた作戦を立て，集団対集団，個人対個人で勝敗を競うことに楽しさや喜びを味わうことのできる運動である

②「ネット型」とは，コート上でネットを挟んで相対し，身体や用具を操作してボールを空いている場所に返球し，一定の得点に早く到達することを競い合うゲームである

③ 指導に際しては，空いた場所への攻撃を中心としたラリーの継続についての学習課題を追求しやすいように，プレイヤーの人数，コートの広さ，用具，プレイ上の制限を工夫したゲームを取り入れ，ボールや用具の操作とボールを持たないときの動きに着目させ，学習に取り組ませることが大切である

① は，子どもにとってどのような楽しさや喜びをもたらす運動であるのかという機能的特性を意味している．② は，スポーツや運動がもつ技術や戦術，ルールに関する構造的特性を表している．授業者はこのような運動特性を理解

し，子どもがそれに触れられるよう指導しなければならない．③では，指導を行う上で具体的な工夫の観点が示されている．

ワンバウンドバレーボールを例に考えてみよう．レシーブをワンバウンドして行うことでボール操作を容易にし，プレイヤーを4人制に設定すれば判断の選択肢を減らし状況判断を容易にすることができる．加えて，コートをバドミントンコートで設定すれば，バレーボールのコートより多く設置できるため，待機する子どもの数を減らすことにもつながる．このように教材観では領域・種目の運動特性をおさえた上で，本時で扱う教材の工夫や価値について説明する．

2）生徒観（児童観）

生徒観では，子どもの印象や状態を述べる．ただし，単なるクラス紹介になってはいけない．既習歴や運動に対する意欲，クラスの雰囲気といった学習に関する子どもの情報をまとめる．例えば，これまでどのようなネット型の授業を受けてきたのか，1つ前の単元では子どもはどのような取り組みの様子であったのか．運動に対して意欲的に取り組む子どもなのか．事前にアンケート調査を行い，運動が苦手な子の割合をまとめるのもよい．そして，クラスの子どもは授業中どのように関わり合うのか，運動が得意な子が苦手な子に教える風土があるのか，それとも運動が得意な子と苦手な子は関わりが少ないのかクラスの雰囲気についても触れよう．

3）指導観

教材（観）に対して，生徒観で述べた子どもの印象や状態を踏まえ，授業者はどのように指導するのか明記するのが指導観である．『誰に』『何を』『どのように』指導するのかという授業の筋道をもつと一貫性が生まれる．

例えば，4人のチームを編成する際，子どもに主導権を委ねても単元や本時のねらいに迫ることができるのか，それとも技能差や人間関係を考慮して授業者が意図的に計画しなければならないのか．ネット型の経験がほとんどない子

第 13 章 指導案の実際　135

どもがいるのであれば，教師はどのような働きかけが必要になるのか．バレーボール部に所属している子とペアを組ませて練習させたり（学習形態），励ましや肯定的なフィードバックを積極的に与えたりすること（教師の働きかけ）も必要になる．性差や障害等にも配慮し，共生の視点に基づいた指導の充実も求められる．

　以上の指導を通して，子どもにどのように成長してほしいのかその姿や教師の願いも明記しておく．味方が操作しやすい位置にボールをつなぎ，ネット型の連係プレイの本質的な面白さを味わえるようにしたいや，性差や技能差を越えて肯定的に関われるようになってほしい，といった内容である．

4）単元の指導計画（本時の位置づけ）

　単元とは，子どもの学習過程における学習活動の一連のまとまりを意味し，体育の場合，運動領域ごとにまとめられる場合が多い．学校の全体計画や年間指導計画を踏まえて時数と内容を構成する．単元の指導計画を示すことで，授業者は毎時間の見通しをもって授業に臨むことができ，授業を参観する人にとっては，子どもがこれまでどのような学びを積み重ねてきたのかうかがい知ることができる．

　単元計画を立てるときには，授業の流れを意識しておくとよい．例えば，体育館やグラウンドに集まった人からビブスを着用し，用具を準備する．整列の仕方や場所も毎回同じ方がよい．準備運動をしたら，指示がなくても次の活動に移れるようになれば理想的だろう．このように毎時間共通した授業の流れを意識することができれば，授業中のマネジメントに要する時間を削減することができ，学習従事の時間を確保できる．授業の流れや約束ごとは単元を通して予め決めておくとよいだろう．

5）単元の目標及び評価規準

　学習指導要領の指導内容は，共通性を維持しつつも，一定の弾力性を確保するよう示されている．中学校第1学年及び第2学年で示される指導内容は，2年

の間に弾力的に指導をしてよいことになっているが，逆にいえば，2年以内に
そこに示された指導内容を確実に教えなければならない．それに伴い，自ずと
何を評価するかも定まってくる．国立教育政策研究所が学校種ごとに示してい
る「評価規準の作成，評価方法等の工夫改善のための参考資料」の評価規準の
設定例や具体的な評価方法を参考にしてほしい．ただし，現行の学習指導要領
に示される内容領域は「技能」，「態度」，「知識，思考・判断」の3つで設定さ
れるのに対し，国立教育政策研究所の資料は4観点で示されるため（「関心・意欲・
態度」，「思考・判断・表現」，「技能」及び「知識・理解」），記述内容をよく読み，内容
を整理して記述すること．体育の場合，技能に偏って評価される傾向にあるが，
観点別の評価に則り，その指導と評価を一体化させることを順守しなければな
らない．

6）本時の目標（ねらい）

　目標を設定する際は，計画する1時間の授業が終わった後，子どもが何をで
きるようになり，わかり，かかわれるようになるかを思い描き設定しよう．授
業後にその目標が達成できたか判断できるように，抽象的で広範な表現は避け，
子どもに示しても同様の意味合いが伝わるよう具体的に書こう．例えば，「オー
バーハンドパスができる」という目標は，何をもってオーバーハンドパスがで
きたのか子どもにはわかりづらい．ボールの落下点に入ること，おでこの前で
両手の人差し指と親指で三角形をつくることといった具体的なポイントを提示
すれば，子どもにも教師にもわかりやすい．教師は目標を常に念頭に置き，子
どもに働きかけを行う必要がある．「いいね，ボールの落下点に入れているよ」
といったフィードバックや「オーバーハンドパスの手の形はどうだった？」と
発問を行うことで子どもを意識付けし，目標に迫ることができる．

7）評価の観点

　「単元の目標及び評価規準」は単元の全時間を終えた子どもの状態と一致し
なければならない．それと合わせて，本時では単元のうち何がどの程度できる

ようになり，わかり，かかわれるようになればいいのかを評価規準として設定する．単元の評価規準は4観点で構成されているが，1時間で4観点全てを評価することは現実的ではない．例えば，教師の観察によって評価する場合，指導をしながら30名の子どもを4観点すべてで評価することは1時間の授業が評価だけで終わってしまう．したがって，1時間の評価の観点は1〜2つに絞るようにする．同時に，設定した評価の観点は，本時の目標の観点と対応していなければならない．教師が子どもに技能の目標を提示しながら，評価は態度で行っていては説明責任（アカウンタビリティ）に応えることができない．

8）準備物

備え付けの施設・設備（バスケットゴールなど）や教師が身に付けておくもの（ホイッスルなど）は書く必要はないが，使用する用具は全て数量を含め書き出しておくこと．そして，授業前には必ずそれらがどこにあるのか，数は確かにあるのか確認を徹底する．授業直前になって準備物がないことが判明しては，これまで準備してきた計画が水の泡になってしまう．ペアでオーバーハンドパスの練習をさせるのであれば，子どもの半数はボールが必要になるが，もしないのであれば，3人組やチームで練習をするというように活動を変更しなければならない．

◤ *3.* 指導案の書き方 ◢

本時の授業計画を立てよう

1時間の授業計画は，子どもが行う「学習活動」と教師が行う「教師の指導及び支援，評価」の大きく2つに分けて書かれる．下記のポイントを確認してほしい．指導案を書くのに不慣れな方はまずはこれでもかというくらい丁寧に書いてみよう．できるだけ細かく正確に書くことで計画の段階で抜けがないようにするためである．指導案を書くのに慣れてきたら，次はシンプルに書くこ

とを心がけるとよい.

〈学習活動の書き方〉

・子どもを主語にして考える.

・子どもが行う活動を書く.

・活動の仕方やゲームのルール（禁止事項，時間，回数など）を明記する.

・活動の場を図示する（人数，方向，配置など）.

〈教師の指導及び支援，評価の書き方〉

・教師を主語にして考える.

・運動が苦手な子どもを想定し，指導及び支援の仕方を考える.

・運動が得意な子どもを想定し，発展的な学習を考える.

・適宜，示範や発問をいれるとよい.

・評価は「評価の観点」と対応させ，観点（技能など）を書き加える.

〈見みやすい指導案を書くために〉

・短い文章で簡潔に表現する.

・時間は授業開始から累計し，その活動の横に時間を書く.

・学習の過程（段階：導入，展開，整理など）を付けて明記する.

・「本時の目標」を書く際は，四角枠で囲うなどして目立つようにする.

・図はパワーポイントで作成し，貼り付けるときれいに収まる.

参考資料を活用しよう

　教師は自身が受けてきた授業の経験（被授業経験）から授業やその指導を考える傾向にある．自分が受けてきたよい授業は是非とも大切にしてほしいが，それを真似することが必ずしもよい授業につながるとは限らない．なぜなら，仮に新卒で中学校の教師になったとしても，被授業経験からは10年近く経つ．日本ではおおよそ10年に一回学習指導要領が改訂されることを踏まえれば，目標や指導内容が変更されている可能性がある.

これからの教師に求められる資質能力として「学び続ける教師像」が掲げられている［中央教育審議会 2012］．教師には専門的な知識や実践的指導力はもちろんのこと，社会の進展に合わせて学び続ける姿勢が不可欠である．下記の資料は文部科学省が発信している指導資料集である［文部科学省 online］．このような資料や情報にアンテナを張り，学び続けてほしい．

〈指導資料集〉
　　・学校体育実技指導資料
　　　　（水泳，表現運動系及びダンス，柔道，ゲーム及びボール運動，体つくり運動，器械運動，剣道）
　　・リーフレット（体つくり運動，体育理論，ダンス）
　　・小学校体育デジタル教材（YouTube）
　　・小学校体育まるわかりハンドブック

▶ おわりに ◀

　指導案を作成する際は，その指導案を他の先生に渡しても同様の授業ができるくらい丁寧に書く必要があるといわれる．まずは書き上がった指導案をイメージとすり合わせながら自分で何度も読み返してほしい．また，仲間（同僚）や指導教官にみてもらうことで，自分1人では気づけなかった抜けやズレが見つかることも少なくない．教師と子ども二者だけの閉鎖的な授業ではなく，計画の段階から開放的な心構えで授業を計画することが授業の質を高め，指導力を磨く道を開くことにつながる．

参考文献

中央教育審議会［2012］「資料5-4　教職生活の全体を通じた教員の資質能力の総合的な向上方策について（審議の最終まとめ（案））　これからの教員に求められる資質能力」

（http://www.mext.go.jp/b_menu/shingi/chukyo/chukyo3/siryo/attach/1325922.htm,
2019年1月14日閲覧）.

文部科学省［2017］『中学校学習指導要領（平成29年告示）解説 保健体育編』東山書房.

文部科学省［online］「指導資料集」（http://www.mext.go.jp/a_menu/sports/jyujitsu/
1330884.htm,2019年1月14日閲覧）.

sportsmanship
14 体つくり運動の指導計画

▶ はじめに

　読者の中には体つくり運動の授業を受けたことがない方もいるのではないだろうか. このように, 単元として授業が実施されていない, あるいは他種目の補助運動として実施されている現状が報告されている［深谷・早川・渡部 2016］. また, 体つくり運動は, 他の領域名がスポーツ種目そのものを指すのに対し, 体つくり運動はもとになるスポーツや運動がイメージしにくい. そこで本章では, まずは体つくり運動の理論的背景に触れた後, 実践的な教材, 指導法を学び, それをもとにした授業案を示すこととしたい.

▶ 1. 体つくり運動の理論的背景

子どもの体力・運動能力の現状

　体力の低下傾向や運動する子どもとしない子どもの二極化現象という言葉は残念ながら私たちがよく耳にする言葉になってしまった. では, このような問題が叫ばれて久しいにも関わらず, 解決に至らないのはなぜだろうか. それは, 学校や教師の力量不足によるものではなく, 子どもを取り巻く社会構造や生育環境の変化に起因しているところが大きい. よくいわれるのは, 子どもが運動したり遊んだりする時間, 空間, 仲間の3つの間（マ）の減少であるが, 昨今,

小学校			中学校		高等学校
1・2年	3・4年	5・6年	1・2年	3年	
体つくり運動					
〈体ほぐしの運動〉					
〈多様な動きを つくる運動遊び〉	〈多様な動きを つくる運動〉	〈体力を高める運動〉			

図14-1　平成20・21年度改訂の学習指導要領における体つくり運動

(出所) 文部科学省 [2012：7]をもとに筆者が修正.

それに加え，親が子どもにあまり手間をかけられなくなったことも要因として
あげられる.

　その結果，子どもの体だけでなく心にも影響を及ぼし，自分の健康や体力
に感心がなく，仲間ともうまく関われないという不具合が生じている [文部省
2000]．このような子どもに対して，体つくり運動は生涯スポーツの入口として，
そして間口を広げる役割として期待が寄せられている.

体つくり運動の概要

　現行の学習指導要領によれば，体つくり運動とは，自己や他者の心と体の関
係に気付き，体の調子を整え，仲間と交流することで心と体をほぐしたり，体
力を高めたりすることができる領域であり，「体ほぐしの運動」と「体力を高
める運動（多様な動きをつくる運動（遊び））」で構成されている（**図14-1**）．体つく
り運動は，他の運動に関する領域のように特定の技能を系統的に向上させるこ
とがねらいではないため，内容領域名が技能ではなく運動として示されている.
次に体つくり運動の下位領域について詳しくみていく.

1）体ほぐしの運動

　体ほぐしの運動は，生涯にわたって豊かなスポーツライフを継続するために，
心の健康が運動と密接に関連していることなどを体得することが求められてい
る．具体的には，手軽な運動や律動的な運動を行うことによって，心と体の関

係に気付き，体の調子を整え，仲間と交流することをねらいとして行われる運動である．

2）多様な動きをつくる運動（遊び）

多様な動きをつくる運動（遊び）は，小学校低・中学年では，体力を高めることを直接のねらいとすることは難しいとの認識から，他の領域において扱われにくい様々な運動につながる基本的な動きを培うことが主なねらいとなっている．低学年の多様な動きをつくる運動遊びでは，体のバランスをとったり，移動したりするとともに，用具の操作などをすることが内容として示されている．

中学年においても多様な動きをつくる運動では，体の柔らかさ及び巧みな動きを高めるための運動，力強い動き及び動きを持続する能力を高めるための運動をすることがねらいとなっている．これに，基本的な動きを組み合わせる運動が加わる．組み合わせには，平均台を歩きながらボールをつくといった2つ以上の動きを同時に行う運動と，ボールを投げ上げて，回った後に捕るといった連続して行う運動の2種類がある．

3）体力を高める運動

体力を高める運動は，体の柔らかさ，巧みな動き，力強い動き，動きを持続する能力を高めることが主なねらいとなっている．多様な動きをつくる運動（遊び）と様々な運動を楽しく行う点では共通しているが，小学校高学年からは，直接的に体力を高めることを目指した内容になり，子どもたち1人1人が体力を高めるねらいをもって運動するところに他の運動との違いがある（**図14-2**）．さらに中学校，高等学校では，体育の授業のみならず学校の教育活動全体や実生活で計画的・継続的に運動ができるようになることが目指されている．

体つくり運動の変遷

平成29・30年に学習指導要領が改訂された．これまでの学習指導要領と合わ

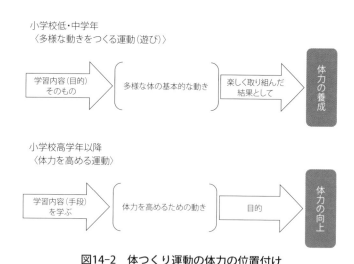

図14-2 体つくり運動の体力の位置付け

（出所）白旗［2012：72］をもとに筆者が図題を変更．

せて特徴や変更点について確認しておく．

1）平成10・11年度改訂の学習指導要領

　心と体を一体として捉える観点から，「体操」から「体つくり運動」へと領域名が改められ，「体力を高める運動」と「体ほぐしの運動」で構成されるようになった．子どもの体力の現状を踏まえ，「体ほぐしの運動」が新たに設けられ，「体力を高める運動」では徒手での運動に加え，用具を用いた運動や固定施設を使った運動などが取り入れられた．戦後の体育のように子どもに運動を強いるのではなく，子どもが主体的に取り組めるよう指導にも改善が求められた．

2）平成20・21年度改訂の学習指導要領

　生活習慣の乱れが小学校低学年からみられることを踏まえ，従前の「体つくり運動」が小学校高学年からだったのに対し，小学校低・中学年においても導入された．中学校，高等学校においては，指導内容の定着がより一層図られる

よう授業時数が中学校では各学年で7単位時間以上，高等学校では各年次で7～10単位時間程度を配当することが示された．

平成10年改訂の学習指導要領では，小学校低・中学年の運動領域が「基本の運動」と「ゲーム」の大きな括りであったが，各学年の指導内容の系統性を図る観点から，領域ごとに示されるようになった．それに伴い，「基本の運動」に示されていた「力試しの運動（遊び）」及び「用具を操作する運動（遊び）」は「多様な動きをつくる運動（遊び）」に含まれた．

3）平成29・30年度改訂の学習指導要領

小学校低学年では，新たに領域名を「体つくりの運動遊び」とし，種目は「体ほぐしの運動遊び」と「多様な動きをつくる運動遊び」に変更された（**図14-3**）．他の領域と同様に，就学前の運動遊びの経験を引き継ぎ，小学校でも様々な運動遊びに親しむことがねらいである．中学年の名称の変更はない．高学年については「体つくり運動」の領域名に変更はないが，従前の「体力を高める運動」が「体の動きを高める運動」へと変更された．低・中学年においては，発達の段階から体力を高めることを学習の直接の目的とすることは難しいため，その認識に合わせて下位領域の名称が変更された．

従前の「体ほぐしの運動」の主なねらいは気付き，調整，交流の3つであったが，「体の調子を整えること」（調整）については，心と体との関係に気付いたり，仲間と豊かに交流したりすることと密接に関連しているため2つに集約

小学校			中学校		高等学校
1・2年	3・4年	5・6年	1・2年	3年	
体つくりの運動遊び	体つくり運動				
〈体ほぐしの運動遊び〉	〈体ほぐしの運動〉				
〈多様な動きをつくる運動遊び〉	〈多様な動きをつくる運動〉	〈体の動きを高める運動〉		〈実生活に生かす運動の計画〉	

図14-3　平成29・30年度改訂の学習指導要領における体つくり運動の領域の構成

（出所）文部科学省［2017；2018］をもとに筆者作成．

された．中学校以降も，体の調子を整えることは，気付きと交流（関わり合い）に改善されて示されている．

中学校では，従前，「体力を高める運動」として示されていたものが第1学年及び第2学年で「体の動きを高める運動」，第3学年で「実生活に生かす運動の計画」と変更がなされた．高等学校も同様である．

体つくり運動の役割

運動嫌いや体力の低い子どもにとって，体ほぐしの運動は運動する子どもとの二極化の距離を縮める大きな役割を担っている．また，保健体育科の究極の目標である豊かなスポーツライフの実現に迫るためには，義務教育修了後も継続して運動やスポーツに親しむことが求められる．そのため，中学校，高等学校段階の体力を高める運動では，様々な動きを経験することはもちろんのこと，知識，思考・判断として運動を継続する意義，体の構造，運動の原則などの知識を獲得し，それらの知識を活用したり，応用したりすることが重要になる．ただし，体つくり運動の授業だけでは，体力低下の問題を解決するのは難しい．図14-4に示すように他領域や体育理論，保健とも関連させながら，体

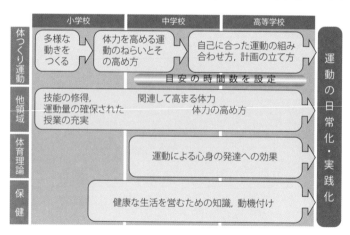

図14-4 体力向上に向けた指導の充実

（出所）文部科学省［2012：15］．

力の向上や運動の日常化・実践化を図るよう指導を充実させなければならない.

▼ 2. 体つくり運動の教材
——新聞紙を使った体ほぐしの運動の教材——

体つくり運動は特定のスポーツや運動を対象にするわけではないので, 教師の創意工夫する力が問われる. その際, 子どもの「体ほぐし」には, 教師の「頭ほぐし」の心構えが大切だろう [長谷川 2000：149-150]. 以下では, 身近で馴染みのある新聞紙を使った教材を紹介する.

新聞紙を使った教材を以下に3つ示す. なお, それぞれの教材を単体で使っても構わないし, 一時間の授業を通して活用してもらっても構わない.

〈折り返しリレー〉

体ほぐしの運動では競争を主な目的にするわけではないが, 新聞紙を使ったリレーは競争だけではない多様な広がりを持つ教材として価値がある. 折り返しリレーとは, スタート地点とゴール地点が同じで, 目標物 (コーン) を折り返して全員がいかに早く走り終えられるかを競う教材である. 小学校低・中学年で扱われることが多いが, 次に示す様々な工夫によって幅広い学年で競争だけでなく, 仲間との協力を楽しむことができる.

まず, 新聞紙を一枚に開いた状態で, それを胴に当て, 手で持たずに落とさないよう走る. 通常, リレーに臨む場合, 左右の走者が気になるが, 走者は自分の新聞紙に意識を向けなければならないため, 周りがさほど気にならない. また, 単純に走力だけを競うのではなく, 運動の得手不得手に関わらず, 新聞紙が落ちたり破れたりするハプニングが生じることから, 勝負の行方が最後までわからないところにも面白さがある. 繰り返しレースを行うことで, チーム内での失敗やハプニングを受け入れる素地をつくることができる. レースで勝利するごとにそのチームの目標物を遠ざけるといった工夫も全てのチームに勝敗を経験させるテクニックである.

第 14 章 体つくり運動の指導計画　149

お題は胴の他にも手のひら，腕，体側，脚などがある．また，新聞紙を折り
たたみ面積を小さくすることで難度を高めたり，人数を増やすことでレパート
リーを増やすこともできる．2人組で手のひらと手のひらを合わせて，その間
に新聞紙を挟んで走ったり，肩と肩，背中と背中といった身体の様々な部位で
も応用可能である．他にも1人の顔の正面に新聞紙を当てて視界を遮り，もう
1人が手をとってガイドするといった教材も考えられる（ブラインド・ウォーク）．
個人の技能（走力）を越えて，仲間との協力が試されるリレーとなる．

〈魔法の絨毯〉

　魔法の絨毯とは，新聞紙を絨毯に見立てて1人は新聞紙に乗り，もう1人はそ
の新聞紙を引っ張る教材である．引っ張る側は新聞紙が破けないような繊細な
力加減や持ち方の工夫が求められ，乗る側も乗る位置や乗り方の工夫が必要に
なる．サーフィンのように何かに変身して行う模倣の面白さもある．このよう
に自分たちにとって心地よい（面白い）工夫によって運動を楽しむことができる．
この間，仲間とのコミュニケーションは不可欠であり，運動を介して仲間との
交流を深めることができる．

　ここまで活動を進めれば，おそらくたくさんの新聞紙が破れてでているはず
である．新聞紙が教具として優れている点は，手軽に入手でき形状を多様に変
化させられる点にある．今度は破れた新聞紙を集めてボール状にする．それを
新しい新聞紙（絨毯）の上に置き，四つ角を4人で持つことでボール運びの教材
に早変わりする．他にも，1人が新聞紙のボールを遠くから投げ，それを4人で
新聞紙が破けないようにボールの速度を押し殺して柔らかく受けるといった課
題達成型の楽しみ方もある．

〈ザ・ロック〉

　ザ・ロックは，全員が床から足を離し，一定区域（新聞紙）にチーム全員が
一定時間乗れるか挑戦する教材である．これは，チャレンジ運動としてアメリ
カから取り入れられた教材の1つである．課題達成に向け，メンバーの体格や

150　　第Ⅲ部　体育科教育とスポーツマンシップ

体力を考慮してアイデアを出し合い，誰とでも互いに体を支え合う姿が自然と生まれる．

　学校現場では一定区域を跳び箱の一段目を使って行われる実践もみられるが，この一定区域を新聞紙で行うことのメリットは3つある．1つ目は，どのチームにも同一の区域を提供できることである．学校によっては跳び箱の種類が違ったり，数が十分そろっていなかったりすることも少なくない．2つ目は，面積の調整が可能になることである．チームの人数や体格，能力に合わせて新聞紙を折りたたみ面積を変更することで挑戦的な課題を生み出すことができる．3つ目は，安全性である．課題達成に向けては不安定な姿勢で行われる．新聞紙は跳び箱に比べ高さがないため安全に活動できる．

3. 体つくり運動の指導法

課題の条件や学習の進め方

　子どもが主体的に課題に取り組むためには，子どもに考える余地を与え教師が予測しておくことが鍵となる．小学校高学年の体力を高める運動では，自分に合った運動を工夫することが大切であることを理解できるよう，人数，回数，距離，時間，姿勢，用具，方向が条件として示されている［文部科学省 2012：17］．これは，小学校のみならず，生涯にわたって誰とでも運動に親しむためには有効な視点である．多様な動きをつくる運動（遊び）の学習の進め方については，まずは多様な動きを習熟できるよう一定時間を確保すること，次に，動きを工夫するための十分な時間を確保することといった段階を設ける．その際，子どもの興味関心やその持続時間，心身の発達の段階にも配慮が必要である［徳永 2014：14-17］．

教師の働きかけ

　体つくり運動の授業は時に単なる遊びに見えたり，トレーニング的な活動として見られる場合がある．そうならないためには，体つくり運動のねらいに迫る教師の働きかけが肝要である．

　活動中に子どもから発せられる「体を動かすと気持ちがすっきりした」「みんなで運動すると自然と笑顔になる」といった言葉に耳を傾け，それらをみんなに紹介したり，確かめ合ったりする．子どもからあまり発言がみられない場合は，「今，どんな感じがした？」と気付きを促す言葉をかけたり，「なぜそのように考えたの？」と子どもの考えを引き出すための発問を行ったりする支援も必要である．また，教師の肯定的な言葉かけによって子どもの活動を価値付けして導いていくことも有効である．

▶ *4.* 体つくり運動の授業づくり ◀

　以上を踏まえ，実際に体つくり運動の授業案を示す．本指導案は平成29・30年改訂の学習指導要領に対応した内容になっている．また，先行研究では体ほぐしの運動と体の動きを高める運動（体力を高める運動）を融合した先駆的な実践もみられる［小野 2011：54-57；檜皮 2014：18-21］．筆者もそのような実践に習い，授業前半を体の動きを高める運動（動きを持続する能力を高めるための運動，巧みな動き）と後半を体ほぐしの運動（関わり合い）で構成した．

1. 対象：中学校1年生
2. 単元名：領域　体つくり運動

　　　　　「（前半）体の動きを高める運動，（後半）体ほぐしの運動」
3. 本時の目標：

　　・主観的作業強度を目安に自分にあった短縄の跳び方を工夫しよう．

　　・長縄作品のアイデアを出そう．

4．観点別評価規準：

・自己のねらいあった跳び方（適切な強度）ができる．【知識及び運動】

・自分の意見を出し，積極的に参加できる．【学びに向かう力，人間性等】

5．本時の学習計画

段階	時間	学習活動	教師の指導及び支援，評価（☆）
導入	0	1．整列，挨拶，健康観察	・グループごと（6名）にビブスを着用させ整列させる． ・出欠確認及び健康観察を行う．
	5	2．準備運動 　屈伸，伸脚，アキレス腱伸ばし，足首・腕回し	・よく使う体の部位を意識するよう声をかける．
		3．本時の目標	・本時の目標をホワイトボードに提示する．
		主観的作業強度を目安に自分にあった短縄の跳び方を工夫しよう． 長縄作品のアイデアを出そう．	
		〈主観的作業強度（RPE）表〉	・主観的作業強度について表を用いて説明する．
	8		
展開		4．W-up（短縄） 　音楽の拍に合わせて，次の跳び方で跳ぶ． 　・1回旋，2跳躍（30秒） 　・1回旋，1跳躍（30秒）	・生徒が事前に選んだ曲を流す（♩≒120）． ・デジタイマーを使って1分間をカウントダウンする． ・W-upを主観的作業強度で自己評価させる．

〈主観的作業強度（RPE）表〉

きつさの度合い	RPE	心拍数の目安
きつい	15,14	150-140
ややきつい	13,12	130-120
楽である	11,10	110-100

第 14 章　体つくり運動の指導計画　　153

		5．3分間短縄チャレンジ 　設定した主観的作業強度に迫れるよう自分で跳び方のメニューを考え，学習カードに記入する.	・デジタイマーを使って3分間をカウントダウンする. ☆自己のねらいあった跳び方（適切な強度）ができる．【知識及び運動】
	18	6．ペアで短縄チャレンジ 　ペアで条件を工夫し，さまざまな跳び方を開発する. 〈条件例〉 　・回旋や跳躍の回数 　・ペアの並び方 　・跳ぶ方向や姿勢	・話し合いが活発でないペアにはいくつか例を提示する. ・よい工夫があれば全体に紹介する.
	27	7．グループで長縄作品づくり 　ダブルダッチの縄をグループで1本使い，1分間の作品をつくる. 〈約束事〉 　・同時に4人が跳ぶ瞬間を入れること 　・全員が縄回しを交代して行うこと 　・音楽に合わせて跳ぶこと	・ダブルダッチの映像を参考として流す. ・約束事について説明する. ・生徒が事前に選んだ曲を流す（♩≒90）. ☆自分の意見を出し，積極的に参加できる. 【学びに向かう力，人間性等】
	45		
整理		8．整理運動 　屈伸，伸脚，アキレス腱ばし，足首・腕回し	・深呼吸をするよう声をかける.
		9．まとめ，記録，挨拶 　グループで考えた長縄作品を学習カードに記録する.	・グループの関わり方でよかったものを紹介する. ・次時の活動について説明する. ・体調不良がいないか確認する.
	50		

おわりに

　ランニングブームは去りつつあるといわれながらも，ブームの火付け役となった2007年の東京マラソンに比べてランナー人口は多い．ランニングを嗜好する人は，自分の好きな場所を好きなペースで走り，そして走ることがいかに心身を健全に保つかをよく知っている．一方，小学校で行われる持久走やマラソンは，実は体つくり運動（動きを持続する能力を高めるための運動）の位置づけであり，多くの子どもたちが半ば強制的に競争のもと走らされている．考えてみてほしい．もし小学校で強制的ではなく主体的に走ることができ，競争だけではない楽しみ方を教わることができれば，どんなに素晴らしいスポーツライフを送ることができるだろうか！

　体力低下の問題は確かに社会構造や子どもの生育環境によるところが大きい．しかし，学校や教師ができることは実は少なくないのである．

参考文献

小野甚市［2011］「体ほぐしの運動と体力を高める運動を組み合わせる」『体育科教育』59（1）.

白旗和也［2012］『これだけは知っておきたい「体育」の基本』東洋館出版社.

徳永隆治［2014］「『体つくり運動』の内容構成を問い直す」『体育科教育』62（11）.

長谷川聖修［2000］「動く楽しさを追求する体ほぐし」，高橋健夫ほか『体ほぐしの運動『体育科教育』別冊⑱』大修館書店.

檜皮貴子［2014］「体力向上と体ほぐしを融合させた教材の可能性」『体育科教育』62（11）.

深谷秀次・早川健太郎・渡部琢也［2016］「小学校における「体つくり運動」の状況——教員の意識調査を通して——」『子ども学研究論集』8.

文部科学省［2012］『学校体育実技指導資料 第7集 体つくり運動——授業の考え方と進め方——（改訂版）』東洋館出版社.

文部科学省［2017］『中学校学習指導要領（平成29年告示）解説 保健体育編』東山書房.

文部科学省［2018］「高等学校学習指導要領解説 保健体育編・体育編」（http://www.

mext.go.jp/component/a_menu/education/micro_detail/__icsFiles/afieldfi le/2018/07/13/1407073_07.pdf, 2019年1月14日閲覧).

文部省［2010］『学校体育実技指導資料 第7集 体つくり運動――授業の考え方と進め方――』東洋館出版社.

おわりに

　日本とフランスは，2018年7月に日仏160周年を迎えた．文化，ファション，食分野などにおいて，さらなる親密な友好関係が期待されている "華の都" パリに来ている．日本とフランスの正式な国交は，1858年に日仏修好通商条約が締結されてからで，目出度く160周年を迎えたのである．明治時代から多くの日本人がフランスで芸術や洋風建築，ブドウ栽培・ワインづくりなどを学んだ．アレクサンドル・デュマやギ・ド・モーパッサンなどの文学作品をはじめ，ファッションや美容，食文化，映画などが日本文化に与えた影響は大きい．現代の日本においも，フランスのライフスタイルが広く浸透している．日本からも，古くは浮世絵などの「ジャポニズム」が印象派芸術に影響を与え，近代の日本の漫画やアニメがフランスの若者に人気である．

　日本とフランスの共通点として「美食家が多い」「長寿国」「芸術や食など固有文化が多い」などが挙げられる．フランスにとって，日本はアジア第2位の貿易相手国であり，アジア最大の対仏投資国．観光分野でも日本人旅行者の欧州旅行先として第1位の人気である．日仏交流160周年を迎えた2018年7月，フランスでは日本の様々な文化を紹介する「ジャポニズム2018」が開催された．筆者は，2018年3月にパリ市庁舎で「L'ART DE NAOKI URASAWA（浦沢直樹展）」を視察している．日本でも年間を通して舞台や音楽，ビジネスなどフランス文化を紹介するイベントが主要都市で実施され，2019年も様々なイベントが予定され，相互理解の機運がますます高まっている．

　2019年9月に日本で開催されるラグビーワールドカップには，フランス代表も出場する．国際スポーツイベントが重要な役割を果たすことになる．ラグビーには，試合の迫力だけでなく，鍛え抜かれた人間性，国籍を超えた多様性，紳士たるフェアプレイ，緻密な頭脳戦など魅力的なことがいくつもある．日本の試合観戦では「スポーツ・ホスピタリティ」という言葉が広く浸透することに

なるだろう．スポーツ・ホスピタリティとは，スポーツ観戦チケットに試合前後の食事やエンターテイメントを加えたスポーツ観戦の楽しみ方である．今回のラグビーワールドカップでは，STH Japan株式会社が公式ホスピタリティ・プログラムを提供する．海外ではすでに大人気の新しいスポーツ観戦スタイルであるが，日本ではスポーツ・ホスピタリティ元年となるだろう．

2大国際大会のバトンをフランスへつなぐ

日本とフランスは国際的なスポーツイベントを通じてますます強く繋がっていく関係にある．まず，世界最高峰のラグビーワールドカップが2019年9月に開催され，2023年にフランスで開催される．さらに，オリンピック・パラリンピックが2020年に東京で開催され，2024年にパリで開催される．これらのスポーツイベントのバトンを日本から受け取るフランスは2021年に大規模な文化イベントを日本で開催する予定である．2024年まで両国の文化交流はますます深まっていく機会が多くなるだろう．先ず，2大国際スポーツ大会の日本における

浦沢直樹パリ展 写真

開催を成功へと導き，その盛り上がりをフランスへとつないでいくことを目指していきたい．

　謝辞

　本著の帯文には，日本スポーツ協会の森岡裕策常務理事にご協力いただきました。心より御礼申し上げます。

　2019年6月

　ラグビーワールドカップにおける日本代表の大いなる活躍を期待して

相 原 正 道

《執筆者紹介》

相 原 正 道（あいはら まさみち）[はじめに，第1章，おわりに]

　1971年生まれ．筑波大学大学院体育科学研究科スポーツ健康システム・マネジメント専攻修了．現在，
　大阪経済大学学長補佐，スポーツ・文化センター長，人間科学部教授．

主要業績

　『ロハス・マーケティングのスヽメ』木楽舎，2006年．『携帯から金をつくる』ダイヤモンド社，
　2007年．『現代スポーツのエッセンス』晃洋書房，2016年．『多角化視点で学ぶオリンピック・パ
　ラリンピック』晃洋書房，2017年．SPORTS PERSPECTIVE SERIES 1〜4，（共著），晃洋書房，
　2018-2019年．

植 田 真 司（うえだ しんじ）[第2章，第3章，第4章]

　1958年生まれ．大阪府立大学大学院経済学研究科博士前期課程修了．現在，大阪成蹊大学マネジメ
　ント学部教授．

主要業績

　『ジェロントロジースポーツ』（共著），ジェロントロジースポーツ研究所，2007年．『なにわのスポー
　ツ物語』（共著），丸善プラネット，2015年．『よくわかるスポーツマーケティング』（共著），ミネル
　ヴァ書房，2017年．

髙 橋 正 紀（たかはし まさのり）[第5章，第6章，第7章，第8章，第9章]

　1963年生まれ．筑波大学大学院体育研究科修了，博士（医学）．現在，岐阜協立大学経営学部教授．

主要業績

　「スポーツマンのこころ」『岐阜経済大学論集』43(3)，2010年．「「スポーツマンのこころ」の講義理
　解後のスポーツ実践が生きがい感と自尊感情へ与える影響」『スポーツ精神医学』9，2012年．

黒 澤 寛 己（くろさわ ひろき）[第10章，第11章，第12章]

　1968年生まれ．同志社大学大学院総合政策科学研究科博士後期課程修了，博士（政策科学）．現在，
　びわこ成蹊スポーツ大学スポーツ学部教授．

主要業績

　『続　京都に強くなる75章』（共著），かもがわ出版，2005年．『ライフスキル教育——スポーツを通
　して伝える「生きる力」——』（共著）昭和堂，2009年．

大 西 祐 司（おおにし　ゆうじ）[**第13章，第14章**]

1986年生まれ．筑波大学大学院人間総合科学研究科博士前期課程修了．修士（体育学）．現在，びわこ成蹊スポーツ大学講師．

主要業績

「表現リズム遊び・リズムダンス・現代的なリズムのダンスにおける現状と課題——学習指導要領に導入されてからの文献を対象に——」（共著），『びわこ成蹊スポーツ大学研究紀要』13，2016年 "The Impact of the Kenpa Dance Unit on Students' Learning in Middle School Physical Education"（共著），National Dance Society Journal，3(1)，2018．

SPORTS PERSPECTIVE SERIES 5
スポーツマンシップ論

2019年8月30日　初版第1刷発行		＊定価はカバーに 表示してあります

	相　原　正　道	
	植　田　真　司	
著　者	髙　橋　正　紀Ⓒ	
	黒　澤　寛　己	
	大　西　祐　司	
発行者	植　田　　　実	
印刷者	出　口　隆　弘	

発行所　株式会社　晃　洋　書　房

〒615-0026　京都市右京区西院北矢掛町7番地
電　話　075（312）0788番代
振替口座　01040-6-32280

装丁　野田和浩　　　　　　印刷・製本　㈱エクシート

ISBN978-4-7710-3232-3

JCOPY 〈（社）出版者著作権管理機構委託出版物〉
本書の無断複写は著作権法上での例外を除き禁じられています．
複写される場合は，そのつど事前に，（社）出版者著作権管理機構
（電話 03-5244-5088, FAX 03-5244-5089, e-mail: info@jcopy.or.jp）
の許諾を得てください．

相原正道・谷塚哲 著
スポーツ文化論
A 5 判 154頁
1,800円(税別)

相原正道・庄子博人・櫻井康夫 著
スポーツ産業論
A 5 判 120頁
1,600円(税別)

相原正道・上田滋夢・武田丈太郎 著
スポーツガバナンスとマネジメント
A 5 判 138頁
1,700円(税別)

相原正道・林恒宏・半田裕・祐末ひとみ 著
スポーツマーケティング論
A 5 判 128頁
1,500円(税別)

相原正道 著
多角化視点で学ぶオリンピック・パラリンピック
A 5 判 216頁
2,500円(税別)

相原正道 著
現代スポーツのエッセンス
四六判 220頁
2,500円(税別)

川上祐司 著
アメリカのスポーツ現場に学ぶマーケティング戦略
——ファン・チーム・行政が生み出すスポーツ文化とビジネス——
A 5 判 246頁
2,500円(税別)

谷釜尋徳 編著
オリンピック・パラリンピックを哲学する
——オリンピアン育成の実際から社会的課題まで——
A 5 判 246頁
2,500円(税別)

一般社団法人アリーナスポーツ協議会 監修/大学スポーツコンソーシアムKANSAI 編
ASC叢書1　大学スポーツの新展開
——日本版NCAA創設と関西からの挑戦——
A 5 判 214頁
2,400円(税別)

川上祐司 著
メジャーリーグの現場に学ぶビジネス戦略
——マーケティング，スポンサーシップ，ツーリズムへの展開——
四六判 184頁
1,900円(税別)

関 めぐみ 著
〈女子マネ〉のエスノグラフィー
——大学運動部における男同士の絆と性差別——
A 5 判 236頁
4,600円(税別)

クラウディア・パヴレンカ 編著/藤井政則 訳
スポーツ倫理学の射程
——ドーピングからフェアネスへ——
A 5 判 238頁
3,800円(税別)

晃 洋 書 房